ANGELIKA HOLDAU

Endlich
FREI IM KOPF

LEICHTER LEBEN

ANGELIKA HOLDAU

Endlich FREI IM KOPF

Raus aus negativen Denkmustern

SCORPIO

INHALT

Drittes Kapitel

Viertes Kapitel

DIE FREIHEIT NEHM ICH MIR

Eigentlich könnten wir rundum glücklich sein. Von außen betrachtet, haben wir womöglich alles, was man sich nur wünschen kann: einen Job, Familie, einen großen Freundeskreis, einen guten Lebensstandard, schöne Reisen …

WUNSCH UND WIRKLICHKEIT

Und dennoch: In unserem Inneren sieht es vielleicht anders aus. Manchmal treibt uns eine nagende Unzufriedenheit um und lässt uns nicht zur Ruhe kommen. Das Leben scheint zu stagnieren, nichts geht vor und nichts geht zurück. Dabei sehnen wir uns nach Veränderung. Hin und wieder wird unser Leben von Rückschlägen und Enttäuschungen erschüttert. Oder wir stehen unvermittelt vor einem Scherbenhaufen und fangen – beruflich oder privat – wieder von vorne an. Oft haben wir das Gefühl, mehr fremdbestimmt als selbstbestimmt zu sein. Ab und zu beschleicht uns sogar eine Leere – so, als würden wir uns immer mehr von uns selbst entfernen. Oder unserem Leben fehlt der tiefere Sinn.

Höchste Zeit, um Bilanz zu ziehen. Wann haben Sie sich zum letzten Mal gefragt: Was macht mich wirklich glücklich? Wofür schlägt mein Herz? Was ist mir im Leben wichtig? Wovon träume ich? Ist es eine neue berufliche Aufgabe, eine erfüllende Partnerschaft, mehr Geld oder einfach mehr Gelassenheit, Leichtigkeit und Lebensfreude? Oder sind Sie auf der Suche nach Ihrer wahren Berufung oder Ihrem Platz im Leben?

Zwar träumen wir von einem »besseren« Leben, doch es gelingt uns irgendwie nicht, unsere Wünsche in die Tat umzusetzen. Etwas scheint uns im Weg zu stehen! Aus unerfindlichen Gründen schieben wir unsere Ideen schon seit Langem auf, während wir andere um ihr Sabbatical oder ihre Yogalehrer-Ausbildung beneiden. Manchmal sind wir nicht um eine Ausrede verlegen und finden triftige Gründe dafür, weshalb wir unser Vorhaben nicht realisieren können. An manchen Punkten stoßen wir – trotz aller Bemühungen – immer wieder an Grenzen und haben einfach keinen Erfolg. Oder ein vermeintlicher Zufall vereitelt unsere Pläne. Vielleicht fehlt uns auch noch die zündende Idee. Kurz gesagt: Manchmal fühlen wir uns wie festgefahren und eingesperrt in einen Käfig.

INNERE HÜRDEN ÜBERWINDEN

Nur: Was hält uns davon ab, unsere Wünsche zu verwirklichen? Was ist es, das unser persönliches Glück sabotiert? Diese Blockaden stecken in unserem Kopf: tief sitzende – meist negative – Denkmuster. Die gute Nachricht: Diese inneren Hürden, die uns bisher daran gehindert haben, unseren eigenen Weg zu gehen, lassen sich überwinden. Der erste wichtige Schritt dazu ist, diese Glaubenssätze und Überzeugungen in uns aufzuspüren (→ Kapitel 1). Sie lassen uns uns selbst und alles um uns herum wie durch eine getrübte »Brille« sehen. So bestätigen wir uns immer wieder aufs Neue, was wir sowieso erwarten. Kein Wunder also, dass sich viele Erfahrungen in unserem Leben wiederholen. Wir sind in diesem negativen Bild von uns und der Welt gefangen. Der zweite Schritt ist es deshalb, diese Muster, mit denen wir uns selbst sabotieren, aufzudecken (→ Kapitel 2). Schaffen wir erst den nötigen Abstand zu unserem trügerischen Selbstbild, gewin-

nen wir schon ein großes Stück Freiheit. Denn wir glauben ja tatsächlich, dass das, was wir über uns denken und was wir fühlen, wahr ist. Mithilfe des inneren Beobachters können wir lernen, uns von der Identifikation mit unseren Gedanken und Gefühlen zu lösen – und unser falsches Selbstbild immer mehr von unserem wahren Selbst zu unterscheiden (→ Kapitel 3).

Die Schlüsselrolle dabei, unsere bremsenden Denkmuster ein für alle Mal loszulassen, spielen unsere Gefühle (→ Kapitel 4). Denn den meisten Glaubenssätzen liegen tiefe Verletzungen zugrunde, die erst heilen können, wenn wir uns ihnen zuwenden. Und zwar von ganzem Herzen. Unser Herz ist nämlich nicht nur ein lebenswichtiges Organ, sondern auch ein Raum der Heilung. Sobald wir unser Herz mithilfe der Herzens-Heilarbeit (→ Seite 94) für unsere schmerzlichen Gefühle öffnen, werden sie erlöst. Unseren Denkmustern ist der Boden entzogen, und sie fallen in sich zusammen. Dann öffnet sich die Tür zu unserem Käfig wie von selbst.

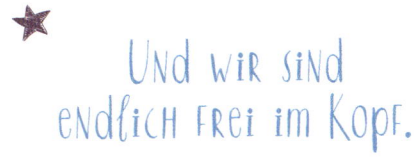

Und wir sind endlich frei im Kopf.

Erstes Kapitel

Gehen Sie auf Spurensuche: So finden Sie Ihre negativen Denkmuster heraus

In diesem Kapitel erfahren Sie:

Wie uns negative Glaubenssätze
und Überzeugungen blockieren

»———→

Wie sich unser Selbstbild auf unser
Leben auswirkt

»———→

Welche Glaubenssätze hinter
unseren Erwartungen stecken

»———→

Wie sich unsere Glaubenssätze
in unserem Leben widerspiegeln

DIE BREMSE IM KOPF

Vielleicht haben Sie das auch schon erlebt … Es gibt Situationen in unserem Leben, die begegnen uns so oder so ähnlich immer wieder. Wir wünschen uns das zwar seit Langem, aber der ersehnte Karrieresprung bleibt aus. Unsere Partnerschaft befindet sich wieder einmal in einer Sackgasse. Oder unsere finanziellen Mittel sind ständig knapp bemessen. Auch wenn wir nur so vor Ideen sprühen – leider schaffen wir es nicht, unsere Pläne voranzutreiben und tatsächlich umzusetzen. Irgendetwas hindert uns daran und bremst uns aus … Oft ertappen wir uns auch dabei, Dinge zu tun, die wir aus eigener innerer Überzeugung eigentlich gar nicht tun wollen. In bestimmten Situationen erleben wir immer wieder emotionale Ausbrüche, die wir uns nicht erklären können. Und manchmal verharren wir in unangenehmen Lagen und stellen einfach auf Durchhalte-Modus, anstatt etwas zu unseren Gunsten zu verändern.

GEDANKEN ZEIGEN WIRKUNG

Werfen wir einen Blick zurück, scheinen sich manche Probleme wie ein roter Faden durch unser Leben zu ziehen. Ohne dass wir damit rechnen, tauchen sie plötzlich wieder auf. Oder begleiten uns dauerhaft. Während uns manche Probleme sehr vertraut sind, zeigen sich andere immer wieder in neuem Gewand. Es sieht danach aus, als seien sie ein Teil unseres Lebens. Und wir denken: »So ist das Leben nun einmal« oder »So bin ich eben«. Oder auch: »Die anderen sind schuld«. Wir halten es kaum für möglich, selbst etwas daran ändern zu können.

Doch ganz so ist das nicht. Wir sind durchaus in der Lage, auf das Einfluss zu nehmen, was in unserem Leben geschieht. Denn hinter diesen wiederkehrenden Ereignissen stecken unsere eigenen Gedanken. Und zwar solche, die wir zutiefst verinnerlicht haben und als unumstößliche Tatsachen betrachten: negative Glaubenssätze und Denkmuster, die uns blockieren und in unseren Möglichkeiten beschränken. Diese Sätze, die uns das

Leben schwer machen, klingen sehr überzeugend und machen uns glauben: »Ich bin nicht gut genug«, »Das habe ich nicht verdient«, »Das Leben ist hart«, »Ich bin vom Pech verfolgt« oder »Ich muss immer perfekt sein«. Kommen Ihnen einige dieser Sätze bekannt vor?

Der Wahrheitsgehalt dieser Aussagen spielt dabei keine Rolle. Ausschlaggebend ist allein, dass wir selbst daran glauben. Und wovon wir so felsenfest überzeugt sind, das wird – wie bei einer sich selbst erfüllenden Prophezeiung – auch eintreten.

DER »REST« DES EISBERGS

Nur ein Bruchteil dieser Glaubenssätze und Überzeugungen ist uns überhaupt bewusst. Wie bei einem Eisberg ist der weitaus größere Teil unserer Denkmuster in unserem Unterbewusstsein verborgen und dringt nicht an die Oberfläche. Das mindert jedoch nicht ihre Wirkung auf uns. Im Gegenteil! Sobald uns eine solche Aussage im Kopf herumspukt, beeinflusst sie uns – nur eben, ohne dass wir es merken. Und dadurch hat sie uns erst recht im Griff.
Negative Glaubenssätze und Überzeugungen haben leider die schlechte Angewohnheit, sich endlos im Kreise zu drehen. Einmal angestoßen, sei es durch eine Bemerkung oder ein Ereignis, fahren sie mit uns Karussell. Sie können unser ganzes Denken – unbewusst – beherrschen und uns regelrecht besetzen. Viele Gedankenschleifen drehen wir auch aus purer Gewohnheit, oder die Denkmuster steigen einfach aus den Tiefen unseres Unterbewusstseins auf – unabhängig von äußeren Faktoren, denn tatsächlich kreist unser Verstand häufig um mögliche Probleme und Schwierigkeiten. Fragen Sie sich einmal selbst: Welchem Satz schenken Sie eher Glauben? »Es steht mir zu, glücklich zu sein« oder »Glück muss man sich erst verdienen«?

Alles, was uns bewusst ist, kann uns nicht mehr unbewusst steuern.

Und kann uns nicht mehr daran hindern, ein freies, selbstbestimmtes Leben zu führen und unser Potenzial voll auszuschöpfen. Deshalb ist der erste Schritt, sich aus der Umklammerung unserer »Bremsgedanken« zu lösen, ihnen auf die Schliche zu kommen und herauszufinden, welche Denkmuster in unserem Unterbewusstsein wirken. Genau darum geht es auf den folgenden Seiten.

WIE DENKBLOCKADEN ENTSTEHEN

Vorher stellt sich noch die Frage: Wie sind diese hinderlichen Denkmuster überhaupt entstanden? Oder werden sie uns schon in die Wiege gelegt? Die Antwort ist: Wir eignen sie uns im Laufe unseres Lebens an und erlernen sie wie Autofahren oder eine neue Sprache.

VON VORBILDERN LERNEN

Die einfachste Art zu lernen ist durch Nachahmen. Überzeugungen, Einstellungen und Verhaltensweisen, die uns unsere Vorbilder und engen Bezugspersonen – vor allem in unserer frühen Kindheit – vorleben, übernehmen wir. Wir schauen sie uns bei unseren Eltern, Lehrern, Geschwistern und anderen für uns wichtigen Menschen ab und imitieren sie, ohne sie weiter zu hinterfragen. Denn als Kinder zweifeln wir nicht an, was etwa unsere Eltern sagen oder tun. Das erklärt, warum uns viele unserer Denkgewohnheiten nicht bewusst sind.

Haben unsere Eltern beispielsweise eine negative Einstellung zu Geld, haben wir vermutlich ähnliche Vorbehalte. Wurde

uns vermittelt, dass einem im Leben nichts geschenkt wird, glauben wir womöglich selbst daran. Unsere Eltern oder andere Bezugspersonen prägen auch unser Rollenverständnis von Frauen und Männern und liefern uns eine Vorstellung von Partnerbeziehungen. Es sei denn, wir setzen alles daran, um bloß nicht so zu werden wie sie. Allerdings ist das nur die Kehrseite der gleichen Medaille.

DIE SCHULE DES LEBENS

Der zweite Weg, auf dem wir als Kinder lernen, sind unsere eigenen Erfahrungen. Angenommen ein Kind erkundet mutig die Welt und schürft sich dabei das Knie auf. Trösten die Eltern ihr Kind, wird das wunde Knie schnell vergessen sein. Reagieren die Eltern dagegen mit Ärger, wird das Kind vielleicht daraus folgern: »Mama und Papa sind böse auf mich, weil ich mutig war. Mutig zu sein ist nicht gut.« Als Kinder setzen wir sogar noch eins drauf: Wir beziehen das Verhalten unserer Bezugspersonen eins zu eins auf uns und nicht bloß auf unser

Verhalten. Wir meinen, daran schuld zu sein, schließen also daraus: »Ich bin böse« oder »Ich bin nicht okay«. Vielleicht konnten wir es unseren Eltern als Kinder auch oft nicht recht machen und haben den Eindruck gewonnen, dass wir wertlos sind. Oder wir haben die Zuwendung unserer Bezugspersonen vor allem für gute schulische Noten bekommen und daraus gelernt, nur dann liebenswert zu sein, wenn wir etwas leisten. Entsprechend haben wir uns angestrengt. Zu vielen unserer Überzeugungen sind wir also aus der »Notwendigkeit« heraus gelangt, uns an die gegebenen Verhältnisse anzupassen. Erleben wir solche Situationen immer wieder oder besonders intensiv, setzen sich diese Erfahrungen fest und verhärten allmählich zu fixen Denk- und Verhaltensmustern.

Werten, also Qualitäten, die uns wichtig sind, etwa Ehrlichkeit. Aus unseren Werten wiederum erwachsen die Erwartungen, die wir an uns und andere stellen.

> *Um herauszufinden, welche Erfahrungen Sie geprägt haben, können Sie sich in Ihre frühe Kindheit zurückversetzen. Fällt Ihnen ein Ereignis ein, das Ihnen noch lebhaft in Erinnerung ist? Führen Sie es sich noch einmal vor Augen. Wie haben Sie die Situation erlebt? Überlegen Sie, welche Schlüsse Sie aus diesem Erlebnis gezogen haben. Welche Bedeutung haben diese heute noch für Ihr Leben?*

WELTBILD UND SELBSTBILD

Aus all diesen Lernprozessen und zum Teil schmerzlichen Erfahrungen legen wir uns ein – wenn auch trügerisches – Bild von der Welt da draußen und von uns selbst zurecht. Ab der Pubertät verändern sich unser Weltbild und unser Selbstbild kaum noch. Sie verdichten sich mit der Zeit immer mehr zu inneren Einstellungen und Haltungen und zu unseren

MEIN BILD VON MIR

Unser Selbstbild ist also das Ergebnis unserer Erfahrungen. Und der Überzeugungen, die wir daraus gewonnen haben. Diese irrigen Konzepte, die unser wahres Selbst überlagern, bezeichnet man auch als Ego. Dieser innere Saboteur definiert sich über unsere Vergangenheit und klammert sich mit aller Kraft an unsere Glaubenssätze und Denkmuster – bevorzugt an solche, die uns einschränken, abwerten und blockieren. So sorgt er dafür, dass wir unsere eingefahrenen Bahnen nicht so leicht verlassen. Seinen Selbstwert bezieht unser Ego in erster Linie aus Besitz, Erfolg, Macht oder Ansehen und sucht im Außen nach Bestätigung, Anerkennung und Liebe. Es macht sein ganzes Glück davon abhängig, was es im Leben erreicht und ob ihm andere Menschen gewogen sind.

POSITIV ODER NEGATIV?

Die Art, wie wir uns selbst einschätzen – und auch schätzen –, hat einen entscheidenden Einfluss auf unser ganzes Leben. Sagt uns unser Ego etwa, dass wir sehr begabt sind und Erfolg verdient haben, werden wir uns voller Selbstvertrauen an Neues heranwagen und schwierige Aufgaben leicht meistern. Neigen wir dagegen eher dazu, uns klein zu machen, werden wir neue Herausforderungen meiden. Lieber lassen wir alles beim Alten. Ob positives oder negatives Selbstbild: Selbst wenn uns unsere Überzeugungen nicht bewusst sind, bleiben sie nicht ohne Wirkung.

Unser Selbstbild bestimmt unser Handeln und unser Lebensgefühl.

IM SPIEGEL UNSERER BEZIEHUNGEN

Unsere Partner, Familien und Freunde, Arbeitskollegen und Bekannten können uns dabei unterstützen, unser Selbstbild klarer zu sehen. Auch ohne dass wir es wollen, halten sie uns oft genug einen Spiegel vor, in dem wir uns selbst erkennen können. Immer wieder lockt uns ihr Verhalten aus der Reserve. Ob sie uns reizen, traurig stimmen, beängstigen oder verletzen – irgendetwas stößt in uns auf Widerhall. Was es auch ist, sagt etwas über uns selbst aus. Denn alles, womit wir in Resonanz gehen, worauf wir also zustimmend oder ablehnend reagieren, hat etwas mit uns zu tun. Letztlich spiegeln uns andere Menschen unsere eigenen tiefen Überzeugungen über uns selbst, wie wir also glauben zu sein.

Bewundern wir Eigenschaften an anderen, sind das vermutlich Qualitäten, die wir an uns selbst mögen. Möglicherweise auch solche, die durchaus noch Entwicklungspotenzial haben. Seiten, die uns an anderen stören und sie uns unsympathisch machen, berühren vielleicht einen wunden Punkt in uns. Eine alte Verletzung, auf die wir empfindlich reagieren. Oder sie zeigen uns Anteile von uns selbst, die wir insgeheim ablehnen oder uns nicht erlauben, etwa im Mittelpunkt der Aufmerksamkeit zu stehen. Wir verbinden mit diesen Eigenschaften unangenehme Erfahrungen, deshalb sind sie für uns negativ besetzt. Gerade für unsere ungeliebten Seiten sind wir oft regelrecht »blind« und versuchen, sie vor uns selbst und vor anderen zu verbergen. Allerdings sollten wir uns vor Augen halten, dass unser Selbstbild nur etwas darüber aussagt, wie wir uns selbst sehen – es ist deshalb noch lange nicht wahr.

Dazu zwei Fallbeispiele:

»⟶ Susanne ist Mutter von zwei Kindern im Alter von sieben und neun Jahren. Sophie, die Kleine, ist schon seit einer Woche krank. Langsam geht Susanne auf dem Zahnfleisch und fühlt sich völlig überfordert. Und obwohl ihr Mann und ihre Freunde ihr bestätigen, dass sie sich liebevoll kümmert, hat sie – auch sonst – ständig das Gefühl, als Mutter »nicht gut genug« zu sein. Erst recht, wenn ihr ihre Nachbarin Nicole, die »Supermutter«, mal wieder stolz davon berichtet, wie erfolgreich sie im Beruf ist und was für eine tolle Motto-Party sie für den Kindergeburtstag ihres Sohnes plant.

»⟶ Charlotte bekommt von ihrem Chef immer mal wieder Zusatzprojekte zugeteilt, während sich ihr Kollege mit Erfolg davor drückt. Charlotte empfindet dieses Verhalten als sehr unkollegial. Sie selbst gesteht sich so viel Freiheit nicht zu und verlangt sich stets Höchstleistungen ab, denn sie glaubt: »Ich bin es nicht wert, geliebt zu werden.« Unbewusst ist sie davon überzeugt, sich Liebe hart erarbeiten zu müssen. Deshalb ist ihr die entspannte Arbeitshaltung ihres Kollegen ein Dorn im Auge.

LERNEN SIE IHR SELBSTBILD BESSER KENNEN

Die folgenden Fragen helfen Ihnen, Ihr Selbstbild zu erforschen und den Glaubenssätzen und Überzeugungen über sich auf die Spur zu kommen. Beantworten Sie die Fragen ganz spontan und ohne langes Nachdenken. Seien Sie dabei ehrlich zu sich selbst. Bitte formulieren Sie Ihre Antworten in ganzen Sätzen, und beginnen Sie jede davon mit »ich« oder »mir«. Verwenden Sie möglichst keine Verneinungen wie »nicht« oder »kein«.

Wie finden Sie Ihr Äußeres? Was gefällt Ihnen daran, was weniger?

◯ Ich fühle mich wohl/unwohl in meinem Körper.

◯ Ich finde mich zu dick/zu dünn.

◯ Ich habe schöne/-s _____

◯ Ich mag/mag nicht _____

_____

_____

_____

Welchen Eigenschaften haben Sie? Was sind Ihre Stärken und Schwächen?

◯ Ich bin introvertiert/extrovertiert.

◯ Ich bin eher risikobereit/vorsichtig.

◯ Ich bin großzügig/sparsam.

◯ Ich bin chaotisch/strukturiert.

_____

_____

Über welche Begabungen und Fähigkeiten verfügen Sie?

◯ Ich kann gut organisieren.

◯ Ich habe viel Humor.

◯ Ich male/singe/schreibe/ _____

_____ *sehr gerne.*

◯ Ich kann andere begeistern.

_____

Welche tiefen Überzeugungen über sich selbst haben Sie?

- ◯ Ich bin nicht gut genug.
- ◯ Ich bin nicht liebenswert.
- ◯ Ich schaffe das allein.
- ◯ Ich bin an allem schuld.
- ◯ Ich bin erfolgreich bei allem, was ich tue.
- ◯ Ich habe einfach kein Glück.
- ◯ Ich bin nicht richtig so, wie ich bin.
- ◯ Ich habe volles Vertrauen in mich.
- ◯ Ich erreiche, was ich will.
- ◯ Ich komme immer zu kurz.

_____

_____

_____

Welche Werte haben Sie? Was ist Ihnen wichtig?

- ◯ Ich lege Wert auf Zuverlässigkeit.
- ◯ Mir ist ein wertschätzender Umgang miteinander wichtig.
- ◯ Mir liegt viel an Unabhängigkeit.
- ◯ Für mich hat Familie einen hohen Stellenwert.

_____

_____

Welche Eigenschaften bewundern Sie an anderen, z. B. Zielstrebigkeit?

_____

_____

_____

_____

Welche Eigenschaften stören Sie dagegen an anderen? Was lösen diese Eigenschaften in Ihnen aus, und welche Glaubenssätze stecken dahinter?

_____

_____

_____

_____

Um sich einen Überblick zu verschaffen, markieren Sie zum Schluss die fünf wichtigsten positiven und negativen Aussagen über sich selbst mit einem farbigen Stift.

WIE WIR REDEN, SPRICHT BÄNDE

Wir haben alle schon erlebt, wie macht-voll Worte sein können. Worte können trösten, Mut machen, motivieren – aber auch verletzen und runterziehen. Worte haben ohne Frage eine Wirkung auf uns und auf andere. Je nachdem, was wir sagen – und vor allem wie wir es sagen –, übermitteln wir eine vollkommen andere Botschaft.

Dabei sind Worte nichts anderes als laut ausgesprochene Gedanken. Sie machen also transparent, welche Glaubenssätze und Überzeugungen uns im Kopf herum-geistern. Umgekehrt erhalten wir unsere Denkmuster durch die Wahl unserer Worte aufrecht. Es lohnt sich also, ver-traute Redewendungen zu hinterfragen und sich die eigenen Sprechgewohnheiten bewusst zu machen.

⭐ Oft neigen wir dazu, die Dinge eher negativ als positiv zu formulieren. Zum Beispiel: »Ich werde schon nicht krank« anstatt »Ich bin fit und gesund«. Oder: »Das finde ich gar nicht schlecht« anstatt »Das gefällt mir sehr gut«. Das Dumme daran: Unser Unterbewusstsein überhört das »nicht« und merkt sich nur »krank« und »schlecht«. Und diese negativen Informationen wirken dann unbewusst.

⭐ Die Art, wie wir über uns selbst sprechen, wirft ein Licht auf unser Selbst-bewusstsein. Ist uns ein Fehler unterlau-fen, können wir uns selbst dafür abwerten und klein machen. Wir können aber auch einfach feststellen: »Ich habe einen Fehler gemacht.« Punkt.

⭐ Verwenden wir häufig vermeintlich unbedeutende Füllwörter wie »vielleicht«, »eigentlich« oder »bloß«, schwächen wir unsere Aussagen damit ab. »Mir wird das schon gelingen« lässt Zweifel durchbli-cken. Wenn wir wirklich an uns glauben, wissen wir: »Ich schaffe das.«

⭐ Auch negative Begriffe sagen viel über unsere Denkgewohnheiten aus und sind ein Indiz für unsere Blockaden. Stehen Sie zum Beispiel eher vor einem »Pro-blem« oder vor einer »Herausforderung«?

⭐ Mit dem Konjunktiv II, dem soge-nannten »Irrealis«, bringen wir ebenfalls unbewusste Hindernisse zum Ausdruck. »Ich hätte gerne mehr Geld« drückt einen Wunsch aus, den wir selbst nicht für realistisch halten. »Ich werde mehr Geld haben« klingt dagegen zuversichtlich.

EINE GESCHICHTE ÜBER MICH

Übung

In vielen Kulturen hat die Kunst des Geschichtenerzählens zur Überlieferung von Lehren eine lange Tradition. Warum nicht einmal eine Geschichte über uns selbst erzählen? Dabei können wir viel über uns lernen.

⟶ Suchen Sie sich einen Ort, an dem Sie ungestört sind. Legen Sie sich ein Tagebuch oder Papier und einen Stift zurecht. Wählen Sie ein Thema, das Sie gerne erzählen möchten. Das kann zum Beispiel eine aktuelle Begebenheit sein, die Ihnen noch sehr präsent ist, ein Problem, das Sie im Moment beschäftigt, oder eine Begegnung, die Sie emotional berührt hat. Vielleicht auch ein Erlebnis, das schon länger zurückliegt. Nehmen Sie sich etwa 30 Minuten Zeit.

⟶ Bevor Sie loslegen, atmen Sie einige Male tief ein und aus. Versetzen Sie sich noch einmal in die Situation hinein, und lassen Sie sie wieder lebendig werden. Dann lassen Sie Ihren Worten freien Lauf. Erzählen Sie Ihre Geschichte, und schreiben Sie sie auf. Schmücken Sie die Geschichte mit allen Details aus, an die Sie sich erinnern. Erwähnen Sie die schwierigen, traurigen oder schmerzlichen Augenblicke ebenso wie die schönen, glücklichen oder lustigen.

⟶ Anschließend lesen Sie sich das Geschriebene laut vor, oder erzählen Sie sich Ihre Geschichte noch einmal selbst. Lassen Sie die Worte auf sich wirken. Beobachten Sie dabei auch Ihre Stimme, Ihre Körperhaltung und eventuell Ihre Gestik. Wie klingt die Geschichte in Ihren Ohren? Was sagen die Formulierungen über Sie aus? Wie fühlen Sie sich? Welche Haltung Ihnen selbst und dem Leben gegenüber spricht daraus?

Durch das Geschichtenerzählen gewinnen Sie ganz neue Einsichten über sich und Ihr Leben. Ihre Glaubenssätze, Ihre Gefühle und Ihr Verhalten werden Ihnen dadurch bewusster. Wenn Sie möchten, können Sie Ihre Geschichte mit Blick auf das, was Sie daraus gelernt haben, noch einmal neu erzählen. Ihre Erkenntnisse lassen Ihre Geschichte vielleicht in einem völlig anderen Licht erscheinen. Oder Ihre Geschichte nimmt eine andere Wendung.

Das GLÜCK
deines LEBENS
HÄNGT VON
der BeSCHAFFENHEIT
deiner GEDANKEN AB.

Marcus Aurelius

ICH MUSS, ICH SOLLTE …

Tag für Tag stürmen unzählige Erwartungen auf uns ein. Im Job hetzen wir von einem Termin zum nächsten. Die Familie hält uns von morgens bis abends auf Trab. Oft sind wir auch nach Feierabend noch gefordert. Und nicht zuletzt haben wir auch hohe Erwartungen an uns selbst, mit denen wir uns unter Druck setzen. Manchmal ist es, als würden alle Menschen gleichzeitig an uns ziehen und zerren. Dieser Druck, unter dem wir stehen, äußert sich in Sätzen, die allesamt mit »Ich muss/sollte/darf nicht …« anfangen, zum Beispiel: »Ich muss immer für andere da sein« oder »Ich darf keine Fehler machen«.

Es sind also Glaubenssätze und Überzeugungen, die hinter unseren Erwartungen stecken.

Auch wenn sie uns nicht immer bewusst sind, prägen diese Erwartungen unser Leben, beeinflussen unsere Entscheidungen und schreiben uns vor, was wir zu tun oder zu lassen haben.

WERTE WECKEN ERWARTUNGEN

Im Laufe unseres Lebens festigen sich unsere Glaubenssätze und Überzeugungen zunehmend und werden zu unseren grundlegenden Haltungen und Werten. Diese Werte wollen eingelöst werden und wecken Erwartungen … Wurden wir von unseren Eltern als Kinder zum Beispiel gelobt, wenn wir pünktlich waren, ist uns Pünktlichkeit heute noch wichtig, hat also einen Wert für uns. Wir bemühen uns selbst darum und schätzen diese Eigenschaft auch an anderen. Inzwischen haben wir diese Ansprüche aus Kindertagen so verinnerlicht, dass wir von uns selbst erwarten, ihnen gerecht zu werden. Und genau mit dieser Erwartungshaltung begegnen wir auch anderen. Erfüllen sie unsere Forderungen nicht, sind wir leicht enttäuscht, verärgert oder frustriert.

DIE BESTE ORIENTIERUNG

Umgekehrt kann es sehr belastend und schmerzhaft für uns sein, wenn wir den an uns gestellten Ansprüchen – aus welchen Gründen auch immer – nicht genügen können. Wir geraten dann in einen inneren Konflikt und befürchten, es uns mit den anderen womöglich zu verscherzen und ihre Liebe und Anerkennung aufs Spiel zu setzen. Lieber stellen wir unsere eigenen Bedürfnisse ganz hinten an.

Allerdings: Geben wir ständig dem Vorrang, was wir müssen, sollten oder nicht dürfen, hält uns das davon ab, das zu tun, was wir tun möchten. Oder die zu sein, die wir sein möchten. Wir laufen Gefahr, uns in den vielfältigen Erwartungen an uns selbst zu verlieren. Das beste Mittel dagegen ist es, sich mehr an sich selbst zu orientieren. Und nicht an anderen, wie wir das sonst gerne tun. Viel wichtiger ist es doch, sich zu fragen: »Was tut mir gut?«, »Wie möchte ich leben?« oder »Was ist für mich die beste Entscheidung?«.

Dazu zwei Fallbeispiele:

»——→ Christian hat als Führungskraft bei einer Versicherung einen stressigen Job. Trotzdem hilft er einem Freund beim Umzug, anstatt sich eine Pause zu gönnen. Er möchte ihn keinesfalls im Stich lassen, denn unbewusst denkt er: »Ich muss es anderen immer recht machen, um gemocht zu werden.« Wie es seine Art ist, packt Christian beim Umzug kräftig mit an. Die anderen Helfer scheinen es dagegen eher locker zu nehmen, was Christian ziemlich ärgert. Er bereut es, sich den Samstag so um die Ohren geschlagen zu haben. Allerdings war es seine freie Entscheidung.

»——→ Kerstin studiert seit einigen Jahren Jura. Glücklich ist sie damit allerdings nicht. Das Studium liegt ihr einfach nicht, und sie tut sich schwer damit. Aber jetzt noch einmal umsatteln – nachdem sie schon so viel Zeit und Mühe investiert hat? Vernünftiger findet sie es, das Studium durchzuziehen. Schließlich ist ihr Vater auch Rechtsanwalt, und sie könnte später in seine Kanzlei einsteigen. Trotz ihrer Zweifel ringt sich Kerstin tatsächlich zu dieser Entscheidung durch und folgt damit unbewusst ihrem Glaubenssatz »Es darf mir nicht gut gehen«.

SO NEHMEN SIE ERWARTUNGEN DEN DRUCK

Praxistipps

Rund um die Uhr sind wir mit verschiedensten Erwartungen konfrontiert. Und wir sind nur allzu bereit, sie zu erfüllen. Denn im Hintergrund wirken Glaubenssätze, die uns dazu antreiben. Wie können wir ihnen den Wind aus den Segeln nehmen, um wieder mit uns selbst in Einklang zu kommen? Zuerst: Gehen wir unseren Glaubenssätzen auf den Grund.

Welche Erwartungen stellen Sie an sich?

◯ Ich muss es anderen immer recht machen.
◯ Ich muss immer perfekt sein.
◯ Ich sollte bescheiden sein.
◯ Ich muss immer für andere da sein.
◯ Es darf mir nicht gut gehen.
◯ Ich muss mich immer anpassen.
◯ Ich darf mir nichts gönnen.
◯ Ich muss mich noch mehr anstrengen.
◯ Ich muss immer lieb und nett sein.
◯ Das muss ich mir erst verdienen.
◯ Ich darf keine Schwäche zeigen.
◯ Ich muss vernünftig sein.

Spüren Sie in Ihre Glaubenssätze hinein

⟫⟶ Suchen Sie sich einen Ihrer Glaubenssätze aus, und sprechen Sie ihn mehrmals laut und deutlich aus. Richten Sie Ihre Aufmerksamkeit dabei auf Ihren Körper: Wie reagiert er auf diesen Satz? Fühlt er sich leicht oder schwer, wach oder müde, entspannt oder angespannt an? Wird Ihr Körper zum Beispiel plötzlich schwer oder angespannt, können Sie davon ausgehen, dass Ihr Glaubenssatz Ihnen und Ihrer eigenen Wahrheit nicht entspricht.

⟫⟶ Lauschen Sie weiter aufmerksam in sich hinein. Welche Gefühle tauchen in Ihnen auf? Wie denken Sie über Ihren Glaubenssatz? Vielleicht regt sich in Ihnen ein Widerstand gegen diesen Satz. Möglicherweise können Sie dem Satz auch einen Funken Wahrheit abgewinnen, oder Sie können ihm mit Einschränkungen zustimmen. Nehmen Sie einfach bewusst wahr, was in Ihnen vorgeht.

ALLTAGS-TIPPS FÜR DEN UMGANG MIT ERWARTUNGEN

Hören Sie auf Ihre innere Stimme

⭐ Ihre innere Stimme – oder auch Ihr Bauchgefühl oder Ihre Intuition – weiß am besten, was wirklich gut für Sie ist. Um das herauszufinden, können Sie ihr einfach eine Frage stellen. Nehmen Sie sich dafür ein bisschen Zeit. Lassen Sie Ihre Gedanken zur Ruhe kommen, und werden Sie innerlich still. Dann warten Sie ab, welche Antwort aus Ihrem Inneren aufsteigt.

Gesunder Egoismus tut gut

⭐ Erst sind die anderen an der Reihe und dann Sie selbst? Diese Haltung kann Sie auf Dauer sehr unzufrieden machen. Denken Sie zur Abwechslung ruhig einmal an sich. Nehmen Sie Ihre eigenen Bedürfnisse ernst, und trauen Sie sich, dafür einzustehen. Dazu ist es zuerst wichtig, dass Sie Ihre Bedürfnisse kennen. Dann äußern Sie sie klar und deutlich, ohne »wenn« und »vielleicht«. Meinen Sie es wirklich so, wie Sie es sagen. Und seien Sie dabei möglichst ehrlich und authentisch. Beobachten Sie gespannt, wie Ihr Umfeld darauf reagiert.

Sagen Sie öfter mal »Nein«

⭐ Erlauben Sie sich ab und zu, sich von den Erwartungen der anderen abzugrenzen und »Nein« zu sagen. Ganz ohne schlechtes Gewissen! Die Vorstellung, dass Sie sich dadurch unbeliebt machen, existiert nur in Ihrem Kopf. In Wahrheit werden Sie jedes Mal, wenn Sie den Mut dazu hatten, ein Stück Freiheit gewinnen! Entscheiden Sie im Einzelfall, wie viel Sie jetzt und heute bereit sind zu geben. Und dann kommunizieren Sie ganz offen, was Sie dazu bewogen hat. Und schließlich gilt Ihr Nein ja nicht für alle Zeiten.

Perfektionismus »ade«

⭐ Am besten verabschieden Sie sich auch gleich von Ihrem Perfektionismus. Auf keinen Fall sollten Sie Ihr Glück davon abhängig machen, ob Sie alles perfekt gemacht haben. Denn wer sagt Ihnen eigentlich, was perfekt ist und was nicht? Es gibt dafür keine zuverlässigen Anhaltspunkte. Perfektsein ist ganz individuell. Sie können es also sowieso nicht allen recht machen. Deshalb: Seien Sie nicht so streng mit sich selbst, und lassen Sie »Fünfe gerade« sein. Das entspannt ungemein!

UNSER LEBEN ALS SPIEGEL

»Das Leben ist kein Zuckerschlecken«, »Geld allein macht auch nicht glücklich« oder »Ich finde nie den Richtigen oder die Richtige«. Sind Ihnen diese oder ähnliche blockierenden Gedanken auch schon einmal durch den Kopf gegangen? Und je länger wir darüber nachdenken, desto zutreffender finden wir diese Aussagen. Schließlich scheint uns das Leben diese Statements immer wieder zu bestätigen.

denken. Unsere Glaubenssätze reden uns ständig ein, was wir vom Leben zu erwarten haben. Diese Programme in unserem Kopf steuern uns im Hintergrund und beeinflussen uns unbewusst.

Was sich im Außen zeigt, ist Ausdruck unserer Gedanken.

URSACHE UND WIRKUNG

Oder ist es nicht vielmehr umgekehrt? Wirken sich nicht eigentlich unsere inneren Überzeugungen auf unsere Lebensumstände aus? Stellen wir uns also einmal die Frage: Was sagen zum Beispiel unsere berufliche Situation, unsere Partnerschaft oder unsere finanzielle Lage über unsere Denkgewohnheiten aus? Unser Leben hält uns – ähnlich wie auch unsere Beziehungen – einen Spiegel vor und verrät uns eine Menge über uns selbst. Wie wir leben und was sich in unserem Leben ereignet, hat viel mit uns selbst zu tun. Vor allem damit, wie wir

IM SPIEGEL ERKENNEN WIR UNS SELBST

Führen wir nicht das Leben, das wir uns wünschen, kann es sein, dass uns bremsende Glaubenssätze wie »Das klappt ja doch nicht« oder »Das steht mir nicht zu« unbewusst daran hindern, unsere Träume zu verwirklichen. Wir rechnen uns keine Chancen aus oder meinen, wir hätten es nicht verdient. Oder wir denken: »Geld verdirbt den Charakter.« Dann werden wir gar nicht erst Versuche unternehmen, um zu Geld zu kommen, weil wir gleich das Schlimmste befürchten. Auch mit der Überzeugung »Aus mir wird nie etwas« blockieren wir uns selbst. Glauben wir daran, es nicht wert zu sein, geliebt zu werden, geraten wir womöglich an Partner, die uns auf Distanz halten. Und wer »lieber den Spatz in der Hand als die Taube auf dem Dach« hat, wird sich vielleicht mit wenig zufriedengeben. Das heißt jetzt allerdings nicht, dass wir für alles, was uns im Leben widerfährt, selbst verantwortlich sind. Es gibt viele Dinge, auf die wir – wie auf das Wetter – schlicht keinen Einfluss haben.

Dazu zwei Fallbeispiele:

»⟶ Katharina arbeitet als Informatikerin in einem Software-Unternehmen. Seit zwei Jahren bemüht sie sich darum, eine Sprosse auf der Karriereleiter hochzusteigen – leider bisher vergeblich. Bei der letzten internen Stellenausschreibung hat sie glatt den Stichtag versäumt und ihre Bewerbungsunterlagen zu spät eingereicht. Insgeheim ist sie davon überzeugt: »Erfolg macht einsam.« Aus dieser Angst heraus sabotiert sie sich unbewusst selbst.

»⟶ Felix ist selbstständiger Gartenplaner. Gegenüber seinen Auftraggebern fällt es ihm schwer, ein angemessenes Honorar für sich zu verhandeln. Oft setzt er in seinem Angebot von vornherein ein zu niedriges Honorar an. Und wenn er nach Abschluss des Auftrags noch versucht nachzuverhandeln, hat er schlechte Kar-

ten – und meist kein Glück damit. Zwar wünscht er sich mehr Geld, aber unterschwellig wirkt in ihm der Glaubenssatz: »Ich bin es nicht wert.«

> *Viele unserer Glaubenssätze und Überzeugungen haben wir von Personen übernommen, die uns geprägt haben. Forschen Sie einmal nach! Was haben zum Beispiel Ihre Mutter oder Ihr Vater oft gesagt? Was war der Lieblingsspruch Ihrer Großmutter oder Ihres Großvaters? Welche Lektionen fürs Leben haben Sie bei Ihren Lehrern oder anderen Bezugspersonen gelernt?*

WAS UNSERE LEBENSUMSTÄNDE ÜBER UNS VERRATEN

Im Alltag ab und zu innezuhalten und wahrzunehmen, wie es uns geht, lohnt sich – und ist die beste Voraussetzung dafür, uns unsere Überzeugungen bewusst zu machen. Beantworten Sie die Fragen wieder möglichst spontan. Kreuzen Sie die Antworten an, die auf Sie zutreffen. Und ergänzen Sie die Listen dann um alle Glaubenssätze, die Ihnen sonst noch einfallen.

Läuft in Ihrem Leben nicht alles so, wie Sie sich das wünschen? Empfinden Sie es als leicht oder als mühsam? Welche Haltung haben Sie gegenüber dem Leben?

- ◯ *Das Leben ist hart und ungerecht.*
- ◯ *Nur dem Tüchtigen winkt das Glück.*
- ◯ *Alle sind gegen mich.*
- ◯ *Wer wagt, gewinnt.*
- ◯ *Alles hat seinen Preis.*
- ◯ *Vertrauen ist gut, Kontrolle ist besser.*
- ◯ *Das klappt ja doch nicht.*
- ◯ *Im Leben bekommt man nichts geschenkt.*

_____

_____

Kommen Sie beruflich auf keinen grünen Zweig? Gelingt Ihnen, was Sie anpacken,

oder eher nicht? Was sind Ihre Ansichten zu den Themen »Arbeit« und »Erfolg«?

- ◯ *Erst die Arbeit, dann das Vergnügen.*
- ◯ *Wenn es gut werden soll, mache ich es am besten selbst.*
- ◯ *Ich verdiene keine Anerkennung.*
- ◯ *Ich bin ein/e Versager/in.*
- ◯ *Hochmut kommt vor dem Fall.*
- ◯ *Erfolg macht einsam.*
- ◯ *Aus mir wird nie etwas.*
- ◯ *Schuster, bleib bei deinen Leisten.*

_____

_____

Zerrinnt Ihnen das Geld immer wieder zwischen den Fingern? Oder verfügen Sie über genug finanzielle Mittel? Wie stehen Sie zum Thema »Geld«?

- ○ Geld ist nicht wichtig.
- ○ Geld verdirbt den Charakter.
- ○ Geld löst alle meine Probleme.
- ○ Wer reich ist, hat keine wahren Freunde.
- ○ Ich bin es nicht wert.
- ○ Ich komme nie an das große Geld.
- ○ Geld muss man sich hart erarbeiten.
- ○ Bescheidenheit ist eine Zier.
- ○ Geld (allein) macht (auch) nicht glücklich.

―――――――――――――――――

Erleben Sie in Ihrer Partnerschaft häufig Krisen? Sind Sie seit Langem glücklich liiert oder wieder Single? Wie denken Sie über das Thema »Partnerschaft«?

- ○ Meine Beziehungen sind nicht von Dauer.
- ○ Andere Frauen/Männer sind eine Bedrohung.
- ○ Ich kenne die Männer/Frauen.
- ○ In einer Partnerschaft muss ich mich selbst aufgeben.
- ○ Ich brauche eine Beziehung, um glücklich zu sein.
- ○ Eine Beziehung engt mich ein.
- ○ Ich finde nie die/den Richtige/-n.
- ○ Ich bin es nicht wert, geliebt zu werden.

―――――――――――――――――

―――――――――――――――――

Welche vorgefassten Meinungen haben Sie in Bezug auf Gesundheit und Alter?

- ○ Kranksein bedeutet Schwäche.
- ○ Nur wenn ich krank bin, bekomme ich Zuwendung.
- ○ Um gesund zu bleiben, muss man leiden.
- ○ Dafür bin ich zu alt/zu jung.
- ○ Im Alter baut man geistig und/oder körperlich ab.
- ○ Als alter Mensch ist man nichts mehr wert.
- ○ Im Alter ist man einsam.

―――――――――――――――――

Schauen Sie sich zum Abschluss noch einmal alle Glaubenssätze aus diesem Kapitel in Ruhe an. Vielleicht werden Sie feststellen, dass einige davon um ähnliche Themen kreisen wie Sicherheit, Selbstwert, Anerkennung, Liebe, Freiheit, Lebenssinn und Selbstverwirklichung. Diese Themen spiegeln unsere Grundbedürfnisse wider. Welche davon spielen für Sie eine wichtige Rolle? Welche haben für Sie eine untergeordnete Bedeutung?

29

SO STOPPEN SIE DAS GEDANKENKARUSSELL

1

Relax – nehmen Sie sich Zeit, um sich zu entspannen

Wenn wir uns entspannen, hilft das unserem Geist, sich zu zentrieren und zur Ruhe zu kommen. Machen Sie es sich also zum Beispiel auf dem Sofa gemütlich, und lesen Sie ein gutes Buch, hören Sie Ihre Lieblingsmusik oder machen Sie eine Runde autogenes Training. Sie werden merken: Anschließend fühlen Sie sich frisch und ausgeruht.

2

Verbinden Sie sich mit der Natur

Ob im Stadtpark oder draußen im Grünen – ein Spaziergang in der Natur bringt uns wieder zu uns selbst und lüftet den Kopf richtig durch. Setzen Sie ganz langsam einen Fuß vor den anderen, und spüren Sie den Kontakt Ihrer Füße zum Boden – das erdet. Nehmen Sie die Schönheit um sich herum bewusst wahr – mit allen Sinnen. Was sehen und hören Sie? Welche Gerüche liegen in der Luft?

3

Geben Sie sich alltäglichen Tätigkeiten voll und ganz hin

Schalten Sie einen Gang runter, und nehmen Sie zum Beispiel beim Zähneputzen oder SMS-Schreiben ganz bewusst jeden Handgriff wahr. Richten Sie Ihre ganze Aufmerksamkeit auf das, was Sie gerade tun. Es ist eine Wohltat für Körper, Geist und Seele, eine Sache mit völliger Hingabe zu tun!

4

Halten Sie Ihren Verstand auf Trab

Drehen Sie den Spieß einmal um! Sagen Sie Ihrem Geist zur Abwechslung, wo es langgeht: Beschäftigen Sie ihn, und geben Sie ihm »Futter«, damit er ausgelastet ist. Bieten Sie ihm also irgendeine intellektuelle Herausforderung – und sei es auch nur, eine Einkaufsliste zu schreiben.

5

Machen Sie eine Atem-Meditation

Meditation ist eine gängige Methode, um die Gedanken zu beruhigen. Wie wär's mit einer Atem-Meditation? Stellen Sie sich dazu bequem und locker hin. Atmen Sie tief und entspannt in den Bauch. Lassen Sie sich ganz in Ihren Atem hineinsinken. Folgen Sie dem Atem mit Ihrem Körper, und lassen Sie ganz allmählich weiche, fließende Bewegungen entstehen. Spüren Sie, wie der Atem jede Körperzelle durchströmt und Sie innerlich und äußerlich bewegt.

6

Kommen Sie in Bewegung

Bewegung tut gut! Was auch immer Ihnen Spaß macht – Yoga, Joggen oder Tanzen: Sportliche Aktivitäten bringen uns rein in den Körper und raus aus dem Kopf. Mit anderen Worten: Unser Verstand hat frei. Und ganz nebenbei schütten wir auch noch Glückshormone aus.

Zweites Kapitel

Das Ganze hat System: Enthüllen Sie das Muster hinter der Selbstsabotage

In diesem Kapitel erfahren Sie:

Durch welche »Brille« wir
die Welt betrachten

→→→

Wie unser Gehirn die Realität verfälscht

→→→

Wie unsere Gedanken unser Fühlen
und Handeln bestimmen

→→→

Wie wir uns unsere
Glaubenssätze immer wieder
selbst bestätigen

WIR SEHEN DIE WELT DURCH EINE BRILLE

Kennen Sie dieses Phänomen? Im Anschluss an ein geschäftliches Meeting tauschen Sie sich mit Kollegen darüber aus. Und stellen fest, dass jeder die Situation anders erlebt hat. Der eine fand die Diskussion sehr konstruktiv, während eine andere die Stimmung als eher angespannt empfunden hat. Wie kann das sein?

»TRÜBE« AUSSICHTEN

Unser Gehirn selektiert unentwegt das, was es wahrnimmt, und richtet seine Aufmerksamkeit nur auf bestimmte Dinge. Und das ist auch gut so, denn sonst wäre es von all den Informationen, die ständig auf uns einströmen, völlig überfordert. Doch wie trifft unser Gehirn aus dieser Datenflut eine Auswahl? Es macht sich die Sache leicht und stützt sich auf das, was es schon kennt, nämlich unsere Erfahrungen. Und die daraus gewonnenen, oft bremsenden Überzeugungen darüber, wer wir sind und wie das Leben ist. Diese Erfahrungen lassen uns die Welt wie durch eine gefärbte Brille betrachten, die unsere Sicht trübt. Diese

Brille filtert unsere Wahrnehmungen und gibt uns vor, wie wir die Realität um uns herum erleben. Im Klartext: Wir sehen nur das, was wir schon kennen und erwarten. Und das ist sehr individuell. Angenommen wir haben den Glaubenssatz »Alle Menschen sind gegen mich« verinnerlicht: Im Kontakt mit anderen werden wir uns mit dieser Haltung nicht gerade entspannt fühlen. Im Gegenteil, denn unbewusst rechnen wir ständig damit, dass uns jemand schaden könnte. All die freundlichen Menschen, die wir treffen, beachten wir vermutlich kaum. Tut uns jemand dann in unseren Augen tatsächlich etwas »Böses«, fühlen wir uns in unserer Überzeugung bestätigt und sagen uns: »Siehst du, hab ich's doch gewusst!«

Unser Gehirn filtert also bestimmte Informationen nicht nur gezielt heraus, es blendet viele Dinge, die uns begegnen, gleichzeitig auch einfach aus – wie die freundlichen Menschen in dem Beispiel. Wir laufen wie mit Scheuklappen durchs Leben und bemerken all das Positive und die Chancen, die sich uns bieten, gar nicht. Weil wir sie nicht erwarten oder

nicht für möglich halten. Sie entsprechen schlicht nicht unseren Überzeugungen.

WIE WIR UNS AUSTRICKSEN

Um unsere Denkmuster aufrechtzuerhalten, greifen wir manchmal auch zu einem Trick, mit dem wir uns selbst überlisten. Dann nämlich, wenn unsere Wünsche und Absichten nicht mit unseren Glaubenssätzen vereinbar sind. In solchen Situationen geraten wir innerlich in eine Zwickmühle. Zum Beispiel: Wir haben uns neue Möbel gegönnt, die eigentlich viel zu teuer sind. Um aus diesem Dilemma wieder herauszukommen, ändern wir einfach unsere Wahrnehmung und legen uns die Ereignisse so zurecht, dass sie wieder zu unseren Ansichten passen. Wir sagen uns: »Na ja, die Möbel waren doch ein echtes Schnäppchen.« Oder: »Ach, das Geld hatte ich doch sowieso übrig.« Und schon ist alles wieder in bester Ordnung.

Solange wir also unsere Brille tragen und in unseren negativen Denkmustern gefangen sind, treffen wir auf wundersame Weise ständig auf ähnliche Menschen und ähnliche Situationen. Denn durch unser Scheuklappendenken beschränken wir unseren Blickwinkel.

Wir haben nur Augen für das, was uns vertraut ist.

Und welche Brille tragen Sie? Probieren Sie Folgendes aus: Unternehmen Sie etwas gemeinsam mit der Familie oder mit Freunden. Unterhalten Sie sich im Anschluss darüber, wie Sie die Situation jeweils erlebt haben. Wie unterscheiden sich Ihre Wahrnehmungen voneinander? Und durch welche Erfahrungen und Glaubenssätze ist Ihre Sicht möglicherweise gefärbt?

WAS GEFÜHLE AUSLÖST

Sehen, Hören, Riechen, Schmecken und Fühlen: Mit unseren fünf Sinnen nehmen wir die Welt wahr. Sie sind unsere Antennen nach draußen. Unsere Wahrnehmungen sind an sich völlig neutral, also weder positiv noch negativ, zum Beispiel: Die Sonne scheint, oder ein Hund bellt.

DER STÄNDIGE CHECK-UP

Doch durch unsere Brille betrachtet, bekommen unsere Sinneseindrücke eine Färbung. Um eine aktuelle Situation einzuschätzen, zieht unser Gehirn ähnliche Erfahrungen heran und prüft anhand derer blitzschnell, was von diesen Wahrnehmungen zu halten ist – grundsätzlich eine wichtige Fähigkeit unseres Gehirns, damit wir zum Beispiel bei Gefahr sofort reagieren und uns davor schützen können. Nur eben nicht generell. Das Ergebnis dieser Einschätzung ist davon abhängig, ob wir etwa mit Hundegebell positive oder negative Erinnerungen verbinden. Fällt uns dabei der kläffende Nachbarshund ein, werden wir vielleicht denken: »Der blöde Köter!« Erinnern wir uns daran, wie der Hund einer Freundin jedes Mal begeistert bellt, wenn wir zu Besuch kommen, dann gelangen wir möglicherweise zu dem Schluss: »Ach, wie nett, ein Hund!«

Das heißt: Unser Gehirn bewertet – meist unbewusst – laufend alle Sinneseindrücke, die es aufnimmt. Ausschlaggebend dafür sind unsere Vorlieben und Abneigungen, die nichts anderes als unsere Glaubenssätze und Überzeugungen über uns und das Leben widerspiegeln. Genau diese Bewertung macht aus einer schlichten Tatsache eine persönliche Angelegenheit.

Es gibt Dinge, die wir für »richtig« oder »falsch«, »gut« oder »schlecht« halten. Überhaupt wünschen wir uns manches in unserem Leben anders und können es nicht so akzeptieren, wie es ist. Glückliche Momente möchten wir am liebsten für immer festhalten, während wir unangenehme Situationen möglichst schnell hinter uns lassen wollen. Wir hoffen, dass andere unsere Erwartungen erfüllen, sonst sind wir enttäuscht oder verärgert. Jeder, der uns begegnet, wird kategorisiert und in eine Schublade gesteckt. Bestimmte

Verhaltensweisen oder Haltungen lehnen wir ab, andere befürworten wir. Wir sind nicht gerade sparsam mit unserem Urteil über uns und andere.

DER SOG DER GEDANKEN

Diese gedanklichen Bewertungen sind es, die innerhalb kürzester Zeit Gefühle in uns auslösen. Nicht etwa umgekehrt. Gedanken können einen unglaublichen Sog entwickeln, und oft erleben wir unsere Gefühle, die der Schlüssel zur Auflösung unserer blockierenden Denkmuster sind (→ Kapitel 4), als heftige Wallungen: Sie können uns innerlich in Aufruhr versetzen und sich unkontrollierbar Luft machen. Im Normalfall suchen wir die Ursachen dafür gerne bei den äußeren Umständen und den Menschen um uns herum, nur nicht bei uns selbst. Wären die Umstände anders und verhielten sich die anderen anders, dann könnten wir glücklich sein …

Doch tatsächlich sind es unsere Gedanken, die dafür verantwortlich sind, wie es uns geht.

Um bei dem Beispiel mit dem Hundegebell zu bleiben: Der kläffende Nachbarshund wird eher ablehnende Gefühle wie Ärger in uns wecken, bei dem Gedanken an den Hund unserer Freundin macht sich dagegen Freude breit. Ergebnissen aus der Hirnforschung zufolge dauert es nur circa 30 Sekunden, bis ein Gedanke ein Gefühl erzeugt. Etwa 90 Sekunden später verschwindet es normalerweise wieder. Wenn uns Gefühle länger beschäftigen, liegt das daran, dass ständig dieselben Gedanken in unserem Kopf herumkreisen.

DIE KRAFT DER GEFÜHLE

Unsere Gefühle wiederum sind die Antriebsfeder für unsere Handlungen. Auch das ist uns oft nicht bewusst. Erst ein Gefühl gibt uns die nötige Energie, um zu handeln. Außerdem lösen unsere Gefühle sofort ein entsprechendes Körperempfinden in uns aus (→ auch Seite 58/59). Ärgern wir uns über das Hundegebell, spannt sich unser Körper an, und wir schließen womöglich das Fenster oder gehen dem Hund aus dem Weg. Ruft das Gebell positive Gefühle in uns hervor, würden wir den Hund vielleicht am liebsten streicheln. Wie wir uns fühlen und wie wir – auch körperlich – reagieren, hängt also davon ab, wie wir eine Situation aufgrund unserer Erfahrungen und Überzeugungen bewerten.

WIE GEDANKEN, GEFÜHLE UND KÖRPER ZUSAMMENSPIELEN

Praxistipps

Zwischen unseren Gedanken, unseren Gefühlen und unserem Körpererleben besteht ein direkter Zusammenhang. Gedanken lösen Gefühle aus. Und diese Gefühle können wir unmittelbar als Empfindungen im Körper wahrnehmen. Dieser Zusammenhang lässt sich ganz leicht selbst erfahren.

GEDANKEN WECKEN GEFÜHLE

Wenn Sie sich Erinnerungen – ob schön oder traurig – wieder ins Gedächtnis rufen oder sich bestimmte Situationen einfach nur in Gedanken vorstellen, wird auch das zugehörige Gefühl in Ihnen wach. Sprich: Ihr Denken weckt Gefühle. Probieren Sie es aus!

⭐ Denken Sie an einen Menschen, den Sie sehr mögen. Stellen Sie ihn sich bildlich vor. Welches Gefühl taucht in Ihnen auf?

⭐ Der Bus oder die Bahn fährt Ihnen vor der Nase weg. Was geht in Ihnen vor?

⭐ Sie freuen sich schon auf Ihren Kurzurlaub zu zweit, aber dann werden Sie krank und müssen den Urlaub stornieren. Wie fühlen Sie sich?

⭐ Erinnern Sie sich noch daran, als Sie das letzte Mal frisch verliebt waren?

⭐ Oder stellen Sie sich vor, Sie präsentieren ein wichtiges Projekt. Plötzlich haben Sie einen Blackout …

⭐ Führen Sie sich einen wunderschönen Sonnenaufgang vor Augen, das Meer rauscht, die Luft schmeckt nach Salz …

SCHENKEN SIE SICH EIN INNERES LÄCHELN

Kinder lachen pro Tag durchschnittlich dreißig Mal so viel wie Erwachsene. Lachen tut einfach gut. Und ist gesund. Lassen Sie sich davon anstecken!

➺ Machen Sie es sich bequem, ob im Sitzen oder Liegen. Wenn Sie möchten, schließen Sie die Augen. Lassen Sie Ihren Atem ruhig und gleichmäßig fließen.

»——→ Jetzt stellen Sie sich vor, wie Sie nacheinander in jeden Körperbereich Ihr strahlendstes Lächeln schicken. Beginnen Sie beim Kopf, und arbeiten Sie sich dann vor bis zu den Füßen samt jeder einzelnen Zehe. Spüren Sie dabei Ihren Atem.

»——→ Genießen Sie die wohltuende Wirkung, solange Sie möchten. Und schauen Sie zum Spaß nachher in den Spiegel … Wie fühlen Sie sich jetzt? Diese Übung ist ein Beispiel dafür, welchen Einfluss unser Denken auf unsere Gefühle und unser Körperempfinden hat. Allein die Vorstellung an ein Lächeln schenkt uns Leichtigkeit, erfüllt uns mit Freude und Zuversicht und entspannt den ganzen Körper. Vielleicht wird uns auch ganz warm ums Herz.

GEFÜHLE SIND IM KÖRPER ZU HAUSE

Ein spannendes Phänomen: Nehmen wir bestimmte Körperhaltungen ein, lösen sie entsprechende Gefühle in uns aus. Daraus können wir schließen, wie eng die Verbindung zwischen unseren Gefühlen und unserem Körper ist. Machen Sie dazu ein kleines Experiment:

»——→ Stellen Sie sich locker und bequem hin. Atmen Sie tief in den Bauch hinein.

Dann lassen Sie Ihren Kopf nach vorne fallen, und lassen Sie Ihre Schultern hängen. Verweilen Sie einige Zeit in dieser Haltung. Spüren Sie in sich hinein, und nehmen Sie Ihr Körpererleben bewusst wahr. Welches Gefühl taucht in Ihnen auf? Benennen Sie das Gefühl. Lassen Sie das Gefühl dann wieder los, und schütteln Sie sich aus.

»——→ Verziehen Sie das Gesicht zu einer ärgerlichen Grimasse. Beißen Sie die Zähne zusammen, und ballen Sie die Fäuste … Dann entspannen Sie Ihren ganzen Körper wieder.

»——→ Ziehen Sie die Schultern hoch, ducken Sie den Kopf, und halten Sie die Arme wie zum Schutz angewinkelt vor den Körper. Dann lassen Sie wieder los.

»——→ Richten Sie sich gerade auf, und heben Sie den Kopf an. Straffen Sie Ihre Schultern, schieben Sie das Brustbein nach vorne, und nehmen Sie einen entschlossenen Gesichtsausdruck an. Wie fühlen Sie sich jetzt?

»——→ Schütteln Sie Ihren Körper zum Schluss locker aus.

Welche Gefühle haben die verschiedenen Körperhaltungen in Ihnen ausgelöst? Was haben Sie erlebt? Haben Sie einen Unterschied festgestellt? Wenn wir wissen möchten, wie wir uns fühlen, brauchen wir nur auf unseren Körper zu hören.

Wir sehen
die Dinge nicht,
wie SIE sind,
sondern
wie WIR sind.

Talmud

DIE KRAFT DER GEDANKEN

Im Alltag funktionieren wir mehr oder weniger automatisch und sind uns unserer oft negativen Denkmuster nicht im Klaren. Sie laufen, wie schon gesagt, überwiegend unbewusst ab. Deshalb unterschätzen wir mitunter völlig, welchen Einfluss unsere Gedanken auf unser Leben haben. Dennoch wirken sie im Stillen. Fragt sich also: Welche Kraft haben unsere Gedanken?

UNSERE SICHT DER REALITÄT

Wir wissen jetzt, wie unser Gehirn tickt: Auf Basis unserer Vergangenheit filtert es unsere Wahrnehmungen und füttert uns nur mit ausgewählten Informationen, andere enthält es uns dafür vor. Unsere Sicht ist dadurch eingeschränkt. Der springende Punkt: Unser Denkapparat bewertet und interpretiert die eingehenden Daten und legt als Maßstab unsere alten Erfahrungen an. Dabei verfälscht es die Informationen womöglich und deutet Inhalte in Situationen hinein, die nicht der Realität entsprechen, sondern unseren eigenen Erwartungen und Überzeugungen – eben unserer verzerrten Sicht

der Welt als »Brillenträger«. Wir verstehen zum Beispiel etwas als böse Absicht, was nicht wirklich gegen uns gerichtet ist – nur, weil wir es so gewohnt sind.

SCHÖPFER UNSERER WELT

Die Gefühle wiederum, die unsere bewertenden Gedanken in uns erzeugen, veranlassen uns – wie wir gesehen haben – zu Handlungen. Auf diese Weise bringen wir alles, was wir denken, ins Leben und erschaffen uns unsere eigene Wirklichkeit. Sind wir zum Beispiel davon überzeugt, dass das Leben schwer ist, wählen wir womöglich häufig unbewusst den schweren statt den leichten Weg. Mit dem Glaubenssatz »Ich habe nie Glück« werden wir unsere Chancen vielleicht manchmal tatsächlich verpassen. Unsere Gedanken haben, so gesehen, echte Schöpferkraft. Die äußere Welt ist ein Spiegel unserer inneren Welt. Gleichzeitig erzeugen unsere Glaubenssätze eine gewisse Ausstrahlung, die auf unser Umfeld wirkt und mit ihm in Resonanz geht. So ziehen wir – wie ein Magnet –

Gleichartiges oder Gegensätzliches an. Mit der Überzeugung »Ich bin nicht gut genug« etwa sind wir für Menschen attraktiv, denen es ähnlich geht. Oder für solche, die diese Unsicherheit ausnutzen.

NICHT ANDERS ALS ERWARTET

Mit anderen Worten: Wir manifestieren unsere oft negativen Überzeugungen in unserem Leben. Solange wir in unseren Denkmustern verhaftet sind, beweisen wir uns immer wieder aufs Neue, was wir sowieso erwarten. Wir wiederholen ein ums andere Mal die gleichen Erfahrungen. Dadurch verstärken sich unsere Überzeugungen noch, und unser Ego fühlt sich in seinen Konzepten, also unserem falschen Selbstbild, das wir uns im Laufe unseres Lebens von uns selbst gebastelt haben, bestätigt.

DAHINTER STECKT EIN MUSTER

Diese Dynamik folgt einem Muster, das diese drei Fallbeispiele veranschaulichen: »———→ Charlotte begegnet auf der Straße zwei Bekannten aus ihrem Sportverein, die sich angeregt unterhalten. Charlotte nimmt wahr, wie die eine flüchtig zu ihr herüberschaut. Charlotte interpretiert ihren Blick so, wie es ihrem Glaubenssatz »Ich bin es nicht wert, geliebt zu werden« und ihrer Erwartung entspricht: Sie findet, dass die Bekannte irgendwie komisch schaut, und schließt daraus: »Die mag mich nicht.« Daraufhin fühlt sie sich ausgegrenzt und läuft verärgert an ihren Bekannten vorbei. Charlotte kommt gar nicht auf die Idee, dass die beiden sie nicht begrüßen, weil sie so in ihr Gespräch vertieft sind. Sie ist nicht in der Lage, eine andere Wirklichkeit um sich herum wahrzunehmen als die, die sie kennt.

»——→ Susanne träumt seit einiger Zeit davon, sich wieder eine Teilzeitstelle in ihrem alten Beruf als PR-Managerin zu suchen. Allerdings macht sie sich Sorgen, ob das klappt, denn schließlich ist sie jetzt schon lange aus ihrem Beruf raus. Diese Bedenken werden von ihrem Glaubenssatz »Ich bin nicht gut genug« weiter befeuert. Mit entsprechend wenig Selbstvertrauen und Enthusiasmus geht Susanne an ihre Bewerbungen heran. Als zwei Absagen eintreffen, wertet Susanne das als Zeichen dafür, dass sie keine großen Chancen auf dem Arbeitsmarkt hat, wie nicht anders zu erwarten war. Von diesem kleinen Rückschlag lässt sie sich entmutigen und legt ihre Pläne vorläufig auf Eis – auch wenn ein Erfolg nach so kurzer Zeit nicht gerade realistisch ist. Susanne misst den Absagen so viel Bedeutung zu, dass sie aufgibt, ohne ihre Aussichten auf einen Job wirklich überprüft zu haben.

»——→ Christian sitzt oft noch bis spätabends in der Firma. Gemäß seinem Glaubenssatz »Ich muss es anderen immer recht machen« ist es ihm wichtig, ein guter Chef zu sein. Das heißt für ihn auch, seinen Mitarbeitern nicht zu viel zuzumuten, zum Beispiel Überstunden. Gleichzeitig möchte Christian seinem Chef entgegenkommen und kann ihm deshalb keine Bitte abschlagen. Das bringt ihn manchmal ziemlich in die Bredouille – und auch in Rage. Allerdings sieht Christian keinen anderen Ausweg, als die an ihn gestellten Erwartungen zu erfüllen. Und so übernimmt er eilige Aufgaben kurzerhand eben selbst. Dass er es allen recht machen möchte, strahlt Christian auch aus. Seine Kollegen können das spüren – und nutzen sein Engagement manchmal bereitwillig aus. In gewisser Weise beeinflusst Christian seinen Chef und seine Mitarbeiter durch sein Verhalten und sorgt unbewusst dafür, dass diese Dynamik bestehen bleibt.

Diese Beispiele zeigen, wie wir uns immer wieder selbst beweisen, dass unsere Glaubenssätze stimmen. Dabei ist das Prinzip stets das gleiche, das Geschehen läuft nach einem bestimmten Muster ab: Wir legen alles, was uns begegnet, gemäß unseren Erwartungen und Überzeugungen aus – und handeln danach. Dadurch bringen wir uns dauernd in ähnliche Situationen, die unsere Glaubenssätze zu bewahrheiten scheinen – und das dahinterliegende Prinzip zunehmend verstärken. Ursprünglich diente diese Strategie dazu, uns vor neuerlichen Verletzungen und unangenehmen Erfahrungen zu schützen. Sobald wir uns diese Dynamik bewusst machen, wird es uns möglich, sie zu durchbrechen.

SO ERKENNEN SIE DAS MUSTER

Welche Dynamik entwickeln Ihre Glaubenssätze? Und wie bestätigen Sie sich Ihre Überzeugungen immer wieder selbst? Mit dieser Übung finden Sie es heraus.

Nehmen Sie sich etwa 30 Minuten Zeit. Suchen Sie sich einen Glaubenssatz aus, der Ihnen immer wieder durch den Kopf geht oder Sie im Moment besonders blockiert. Schreiben Sie ihn auf.

Erinnern Sie sich an eine typische Situation, in der Sie sich so gefühlt haben oder in der dieser Gedanke in Ihnen aufgetaucht ist. Führen Sie sich diese Situation möglichst lebhaft vor Augen.

Wie nehmen Sie die Situation wahr?

Wie interpretieren und bewerten Sie diese Wahrnehmung? Was ist Ihre Erwartung?

Welches Gefühl weckt diese Situation in Ihnen?

Welche Handlung resultiert daraus? Wie reagieren Sie?

Was ist die Folge davon?

Können Sie das sich selbst verstärkende Prinzip erkennen? Wie würden Sie die Situation als Unbeteiligter von außen einschätzen? Das nächste Mal, wenn Sie sich wieder in einer ähnlichen Situation befinden, können Sie sich klarmachen, dass hier ein Glaubenssatz wirkt. Versuchen Sie dann bewusst, aus Ihrem Muster auszusteigen, und überprüfen Sie Ihre Wahrnehmung noch einmal.

NEUES AUS DER HIRNFORSCHUNG

Unsere Denkmuster bestimmen unser ganzes Leben. Lange Zeit ging die Wissenschaft davon aus, dass sich unser Gehirn nur in der Kindheit entwickelt und danach nicht mehr deutlich verändert. Neuere Erkenntnisse zeigen allerdings, dass sich unser Gehirn ein Leben lang wandelt. Das betrifft auch unsere hinderlichen Glaubenssätze und Überzeugungen.

ROUTINE HAT IHR GUTES

Denkgewohnheiten haben durchaus etwas für sich. Sie sind wie ein Anker in unserem sonst oft turbulenten Leben und schenken uns das Gefühl von Sicherheit. Außerdem ist Routine im Alltag nützlich und erleichtert uns das Leben: Wir wissen zum Beispiel, ob man bei Rot oder bei Grün über eine Ampel geht, ohne darüber nachzudenken.
Auch unser Gehirn liebt Gewohnheiten. Sie entstehen, weil das Gehirn ständig nach Wegen sucht, sich möglichst wenig anzustrengen. Das erlaubt es ihm, auf Stand-by-Modus herunterzufahren. Und

das hat einen großen Vorteil: Unsere grauen Zellen verzetteln sich nicht mit Nebensächlichkeiten und wiederkehrenden Überlegungen. Sie können ihre Energie stattdessen für Wichtigeres einsetzen, etwa dafür, Ideen zu entwickeln oder Neues zu lernen. Wissenschaftler haben entdeckt, dass mindestens 30 bis 50 Prozent, wenn nicht sogar 90 Prozent unserer täglichen Handlungen nicht auf bewussten Entscheidungen beruhen, sondern Gewohnheiten sind.

UNSER GEHIRN IST FLEXIBEL

Auch wenn unser Gehirn »bequem« ist und die Mehrheit unserer Gedanken und Verhaltensweisen reiner Routine unterliegt: Untersuchungen fanden heraus, dass unser Gehirn jederzeit dazu in der Lage ist, sich neu zu verschalten. In einem Experiment sollten Versuchspersonen ein kurzes Klavierstück einstudieren. Eine andere Teilnehmergruppe sollte sich nur vorstellen, das Klavierstück zu üben – ohne tatsächlich auf dem Instrument zu spielen. Das erstaunliche Ergebnis: Bei

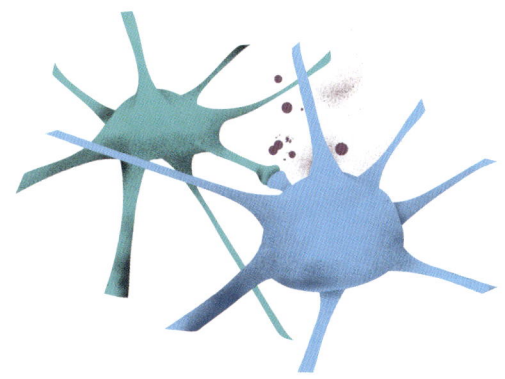

beiden Gruppen zeigten sich ähnliche Veränderungen im Gehirn, sprich: eine Vergrößerung der betroffenen Hirnareale. Die bloße Vorstellungskraft der Gedanken hatte also eine vergleichbare Wirkung wie das Klavierspielen selbst.

Dieses Phänomen nennen Neurobiologen »neuronale Plastizität«. Darunter verstehen sie die Fähigkeit des Gehirns, sich abhängig von seiner Verwendung umzubauen und seine Nervenzellen neu und besser miteinander zu vernetzen, um auf diese Weise Abläufe zu optimieren. Und zwar bis ins Alter.

EINE FRAGE DES TRAININGS

Wie das Experiment erkennen lässt, entwickelt sich unser Gehirn also ähnlich wie ein Muskel durch regelmäßiges Training – auch durch das, was wir denken. Das bedeutet: Häufig gedachte Gedanken – ob positive oder negative –

aktivieren und verstärken ihre eigenen Nervenbahnen und bauen sie zu breiten »Straßen« aus. Pflegen wir negative Gedanken, üben wir uns weiterhin etwa in Grübeleien, Sorgen und Ängsten. Denken wir positiv, gelingt es uns immer besser, freundlich auf uns und die Welt zu schauen. Worauf wir unseren Fokus legen, ist unsere Entscheidung.

Gleichzeitig heißt das, dass es möglich ist, alte und hinderliche Denkmuster aufzulösen und sich davon zu verabschieden. Schöne Aussichten!

Alles, wofür wir uns begeistern können, unterstützt uns – der modernen Hirnforschung zufolge – in besonderem Maße dabei, uns von Gewohnheiten zu lösen. Denn jeder kleine Sturm der Begeisterung setzt im Gehirn ein körpereigenes Doping in Gang. Unser Gehirn schüttet dabei Botenstoffe aus, die unsere Nervenzellen dazu bringen, sich neu zu vernetzen und zu verschalten. So einfach ist das: Das Gehirn entwickelt sich so, wie es mit Begeisterung genutzt wird.

Drittes Kapitel

Erkennen Sie sich selbst: So gewinnen Sie Abstand von Ihrem falschen Selbstbild

In diesem Kapitel erfahren Sie:

Warum unser Ego unser
falsches Selbstbild aufrechterhält

»———→

Wie Sie mit Ihrem wahren Selbst
in Kontakt kommen

»———→

Wieso es wichtig ist,
unsere Gefühle zu spüren,
und wie das geht

»———→

Mit welchen Tricks wir
unser Denken positiv ausrichten
können

UNSER SELBSTBILD IST EINE TÄUSCHUNG

Keine Frage: Unser Verstand ist ein wichtiges Werkzeug. Er hilft uns zum Beispiel dabei, Situationen einzuschätzen, Entscheidungen zu treffen und Aufgaben zu erfüllen. Wir brauchen ihn ganz einfach, um uns in dieser Welt zurechtzufinden.

WIE WIR ÜBER UNS DENKEN

Allerdings: Etwa 80 bis 90 Prozent unserer Gedanken sind nicht nur nutzlos, sondern auch negativ und wiederholen sich noch dazu ständig. Dabei orientieren sich unsere Denkgewohnheiten an den Erfahrungen aus unserer Kindheit und den Überzeugungen, die wir daraus gewonnen haben. Diese Ego-Stimmen in unserem Kopf grübeln unentwegt, was wir hätten besser machen können, und sorgen sich, dass uns etwas misslingen könnte. Pausenlos ist unser innerer Saboteur damit beschäftigt, uns zu bewerten und mit anderen zu vergleichen. Meist schneiden wir dabei schlechter ab. Er kommentiert alles, was wir sagen, fühlen und tun – und hat dauernd etwas an uns auszusetzen. Unsere Glaubensmuster

schwächen und blockieren uns, rufen entsprechend negative Gefühle in uns hervor und können uns regelrecht peinigen.

WAS WIR GLAUBEN ZU SEIN

Das eigentliche Problem besteht darin, dass wir uns unbewusst mit unserem Ego identifizieren. Das heißt: Wir sind zutiefst davon überzeugt, dass das Selbstbild, das uns unser Ego vermittelt, der Wahrheit entspricht. Dass wir also tatsächlich so *sind*, wie wir zu sein glauben. Wir zweifeln keine Sekunde daran. Kein Wunder, denn da die Identifikation unbewusst ist, wissen wir nicht einmal, dass wir einem trügerischen Selbstbild aufsitzen. Unbewusst meinen wir zum Beispiel, wir *sind* unzulänglich oder wir *sind* nicht liebenswert. Statt zu erkennen, dass wir das nur von uns *denken* und uns unzulänglich oder nicht liebenswert *fühlen*. Beides sind keine Aspekte unseres wahren Wesens, es handelt sich lediglich um Gedanken und Gefühle.

Die Identifikation mit unserem Selbstbild äußert sich etwa darin, dass wir in bestimmten Situationen unkontrolliert und sehr emotional reagieren. Unsere Gefühle überwältigen uns einfach, wir werden zu diesen Gefühlen und handeln danach. Unser Ego springt sofort auf das Geschehen an: Es verteidigt sich, greift an oder setzt andere ins Unrecht. Womöglich sucht es die Schuld auch bei sich und plagt sich tagelang mit schweren Selbstvorwürfen. Oder es versinkt in düsteren Gedanken darüber, wie schrecklich das Leben ist.

WOVOR WIR UNS FÜRCHTEN

Das Ego wird immer bestrebt sein, an unserem falschen Selbstbild festzuhalten, denn dabei geht es um seine eigene Existenz. Deshalb klammert es sich bereitwillig an unsere Glaubenssätze und Überzeugungen, die so großes Leid in uns verursachen können. Unser innerer Saboteur liebt Dramen, Probleme und Konflikte und beschwört sie immer wieder von Neuem herauf. Auf diese Weise sichert das Ego sein Überleben. Jede Abweichung von unseren Gewohnheiten ruft das Ego auf den Plan und lässt es aufbegehren, um uns daran zu hindern, vom vorgegebenen Kurs abzuweichen.

Aus unseren Sorgen und Nöten beziehen wir eine Art von Identität. Deshalb geht es uns selbst nicht viel anders als unserem Ego: Wir haben unbewusst Angst davor, unser Selbstbild zu verlieren. Denn wer wären wir noch – ohne diese Vorstellung von uns? Also verteidigen wir dieses Konzept vehement. Lieber beharren wir auf dem Alten – auch wenn wir dabei noch so unglücklich sind –, als zu riskieren, das vertraute Ich aufzugeben.

Dabei ist unser Ego nichts weiter als eine Erfindung unseres Verstandes, die wir für uns selbst halten.

In Wahrheit sind wir viel mehr als unser Ego.

Diese Übung ist ebenso einfach wie kraftvoll. Schließen Sie die Augen, und sprechen Sie die Worte »Ich bin, die/der ich bin« langsam, laut und deutlich mehrmals hintereinander aus. Lassen Sie die Kraft dieser Worte auf sich wirken. Können Sie spüren, wie die Worte Sie auf einer tieferen Ebene berühren?

SO GEHEN SIE FÜRS ERSTE AUF DISTANZ ZU IHREM EGO

1

Zweifeln Sie Ihre Glaubenssätze an

Unser Ego hegt feste Überzeugungen, die tief in uns verankert sind. Aber: Nur weil wir daran glauben, müssen sie noch lange nicht wahr sein. Treten Sie innerlich einen Schritt zurück, und hinterfragen Sie Ihre Denkgewohnheiten: Wer sagt, dass sie stimmen? Haben Sie schon andere Erfahrungen gemacht? Wenden Sie sich ersten Zweifeln, die in Ihnen aufkeimen, liebevoll zu.

2

Drehen Sie Ihre Glaubenssätze ins Gegenteil um

Drehen Sie den Spieß zum Spaß doch einmal um: Verkehren Sie Ihre Glaubenssätze in ihr Gegenteil. Sagen Sie statt »Ich habe immer Pech« zur Abwechslung »Ich bin ein Glückspilz«. Spüren Sie einen Unwillen gegen diese Aussage? Das ist Ihr Ego, das Sie wieder auf Kurs bringen möchte. Nehmen Sie es wahr, aber schenken Sie ihm nicht zu viel Aufmerksamkeit.

3

Ändern Sie Ihren Blickwinkel

Wenn wir fest an etwas glauben, übersehen wir dabei leicht eins: Das ist nur eine Sicht der Dinge. Wechseln Sie die Perspektive, und versetzen Sie sich in eine andere Person hinein. Was würde sie denken? Seien Sie offen für eine neue Betrachtungsweise.

4

Prüfen Sie, ob das heute noch stimmt

Haben Sie einige Ihrer Glaubenssätze vielleicht von Ihren Eltern oder anderen Ihnen nahestehenden Personen übernommen? Dann fragen Sie sich: Sehe ich das heute auch noch so? Trifft das auf mich zu? Macht das mein Leben einfacher? Falls nicht, erlauben Sie sich, diese Glaubenssätze grundsätzlich in Zweifel zu ziehen.

5

Relativieren Sie Ihre hinderlichen Überzeugungen

Die meisten Glaubenssätze sind nichts anderes als Binsenweisheiten, zum Beispiel: »Ohne Fleiß kein Preis«. Oder sie enthalten Verallgemeinerungen wie »alles«, »immer« oder »nie« und scheren alles über einen Kamm, wie »Ich kann das nicht«. Prüfen Sie Ihre Glaubenssätze daraufhin, und relativieren Sie sie. Wie wär's mit: »Ich kann das *jetzt* noch nicht«? Spüren Sie, wie der Glaubenssatz an Kraft verliert?

6

Denken Sie noch einmal neu

Drücken Sie die »Reset-Taste«. Stellen Sie Glaubenssätze, die Ihnen nicht guttun, für den Moment zur Seite, und denken Sie noch einmal völlig neu. Gehen Sie unvoreingenommen an die Dinge heran – frei von vorgefassten Meinungen. Zu welcher Einschätzung gelangen Sie jetzt?

DER INNERE BEOBACHTER

Was denke ich gerade? Wie fühle ich mich im Moment? Jedes Mal, wenn wir uns diese Fragen stellen, ist der Bann schon gebrochen. Sobald wir die Stimmen in unserem Kopf hören und unsere Gefühle spüren, sind wir uns unserer selbst bewusst – und sind nicht mehr mit unseren Gedanken und Gefühlen identifiziert.

BEOBACHTEN MACHT BEWUSST

In uns gibt es eine Instanz, die uns beim Bewusstmachen hilft. Sie ist dazu in der Lage, alles, was sich in unserem Inneren aktuell abspielt, aus einer gewissen Distanz zu betrachten und unsere Gedanken und Gefühle von einer höheren Warte aus wahrzunehmen. Dieser innere Beobachter nimmt eine neutrale Position ein. Er hat ein waches Auge auf das, was in uns vorgeht, und stellt ganz wertfrei fest: »Das denke ich also. Wie interessant!« Oder: »Aha, jetzt taucht dieses Gefühl in mir auf.«
Allein durch seine Aufmerksamkeit bewirkt unser innerer Beobachter sehr viel: Auf diese Weise fördert er die Ge-

danken und Gefühle, die in unserem Unterbewusstsein schlummern, ans Tageslicht. Mit seiner Hilfe schaffen wir es auch, den nötigen Abstand zu unserem Ego zu gewinnen.

EINE WICHTIGE ERKENNTNIS

Um die Perspektive des Beobachters einzunehmen, reicht es, sich unseren momentanen Gedanken und Gefühlen bewusst zuzuwenden. Besonders interessant sind die Gedanken, die wir nur allzu gut kennen und die sich wie eine Litanei ständig wiederholen: unsere Glaubenssätze und Überzeugungen. Entscheidend dabei ist, dass wir unsere Gedanken und Gefühle nicht bewerten, sondern einfach nur beobachten. Vor allem solche, die wir eigentlich nicht haben möchten und ablehnen. Das gelingt am besten mit einer inneren Haltung von Wohlwollen uns selbst gegenüber. Es geht darum, unsere Gedanken und Gefühle einfach da sein zu lassen und anzunehmen – so wie sie sind. Ohne sie mit dem Verstand analysieren, interpretieren oder begreifen zu wollen.

Während wir zuhören oder fühlen, werden wir bemerken, wie Ruhe und Stille in uns einkehren. Und wir können hinter unseren Gedanken und Gefühlen eine tiefere Wahrheit spüren. In diesem Zustand von Bewusstsein finden wir Zugang zu unserem wahren Selbst.

Dann können wir in uns klar erkennen: »Da ist die Stimme oder das Gefühl, und hier bin ich.«

Durch diese Erkenntnis lernen wir, zwischen unserem Ego und unserem wahren Selbst zu unterscheiden. Unsere Gedanken und Gefühle verlieren ihre Macht über uns, und wir können die Identifikation mit unserem Ego aufgeben. Da sich Gedanken oft mit Vergangenheit und Zukunft beschäftigen, halten sie uns von der Gegenwart fern – und damit von unserem ganzen Leben, das nur in der Gegenwart stattfindet. Der innere Beobachter bringt uns wieder ins Hier und Jetzt zurück.

SCHRITTE IN DIE FREIHEIT

Sind uns unsere Gedanken und Gefühle erst einmal bewusst, können wir sie auch reflektieren. Aus der Sicht unseres inneren Beobachters können wir das gesamte Geschehen betrachten und besser verstehen, was uns veranlasst, in bestimmten Situationen ein bekanntes Verhaltensmuster abzuspulen und etwa mit Angriff, Verteidigung, Rückzug oder Schuldgefühlen zu reagieren. Wir erfassen den Zusammenhang zwischen unserem Denken, Fühlen und Handeln und sehen das sich wiederholende Muster dahinter. Mit der Zeit wird es uns immer leichter fallen, uns von unserem falschen Selbstbild zu lösen. Unsere Gedanken und Gefühle können uns nicht länger täuschen und vorgeben, wir zu sein. Ihre Bedeutung lässt nach, weil unser Selbstgefühl nicht mehr von ihnen abhängt. Mit jeder einzelnen Erkenntnis wächst unsere innere Freiheit, und unser wahres Wesen kommt mehr und mehr zum Vorschein.

SO SCHULEN SIE IHREN INNEREN BEOBACHTER

Praxistipps

Unser innerer Beobachter ermöglicht es uns, die Identifikation mit unserem falschen Selbstbild loszulassen. Damit wir uns jederzeit an ihn wenden können, lohnt es sich, diese wunderbare Instanz in uns zu trainieren.

DIE HALTUNG DES INNEREN BEOBACHTERS EINNEHMEN

»——→ Lenken Sie Ihre Aufmerksamkeit auf Ihren Atem, und nehmen Sie wahr, wie Ihr Atem ein- und ausströmt.

»——→ Richten Sie Ihren Fokus auf Ihre Gedanken, und beobachten Sie ganz wach und interessiert, was in Ihrem Kopf gerade vorgeht. Akzeptieren Sie die Gedanken, wie sie sind. Bewerten oder analysieren Sie sie nicht. Lassen Sie Ihre Gedanken einfach da sein.

»——→ Verweilen Sie einige Zeit dabei. Machen Sie sich klar, dass Sie denken, und versuchen Sie, die Gedankeninhalte zu benennen.

»——→ Wichtig dabei ist: Entwickeln Sie ein Bewusstsein für den inneren Beobachter, und werden Sie sich Ihrer selbst als Zeuge Ihrer eigenen Gedanken bewusst. *Diese Übung können Sie auch auf Ihre Gefühle anwenden. Üben Sie dieses bewusste Beobachten möglichst häufig. Anfangs genügen ein paar Minuten, dehnen Sie die Übung dann länger aus. So wird es Ihnen immer besser gelingen, sich von Ihrem Ego zu distanzieren.*

TIPPS, UM DEN BEOBACHTER BESSER KENNENZULERNEN

Begehen Sie ein kleines Morgen-Ritual

★ Machen Sie es sich zur Gewohnheit, morgens – gleich wenn Sie aufwachen – zuerst auf Ihre Gedanken und Gefühle zu achten. Fragen Sie sich: »Was denke ich gerade?« oder »Wie fühle ich mich jetzt?« Nehmen Sie sich einige Minuten Zeit dafür, und seien Sie als Beobachter gegenwärtig. Wenn Sie möchten, können Sie diese bewusste Aufmerksamkeit auch auf die Tätigkeiten richten, die Sie im Laufe des Tages zu erledigen haben, zum Beispiel aufs Duschen, Einkaufen oder Kochen. Auf diese Weise schulen Sie Ihren inneren Beobachter und werden immer vertrauter mit ihm.

Schreiben Sie ungefiltert alles auf

⭐ Ziehen Sie sich an einen ruhigen Ort zurück. Schenken Sie in den nächsten 10 bis 15 Minuten Ihren Gedanken und Gefühlen Ihre ungeteilte Aufmerksamkeit, und schreiben Sie alles auf, woran Sie im Moment denken und was Sie fühlen. Nehmen Sie dabei die Position des inneren Beobachters ein, und zensieren Sie Ihre Gedanken und Gefühle nicht. Spüren Sie beim Schreiben Ihre Gegenwärtigkeit, und lauschen Sie auf die tiefere Wahrheit hinter Ihren Worten.

Machen Sie ein Selbst-Experiment

⭐ Schlüpfen Sie in die Rolle des Zuschauers, und beobachten Sie sich einen ganzen Tag lang. Lenken Sie Ihre Aufmerksamkeit auf alles, was Ihnen passiert. Das müssen keine besonderen Ereignisse sein, oft sind es gerade die alltäglichen Dinge, die aufschlussreich sind. Nehmen Sie dabei bewusst wahr, was Sie in diesen Situationen denken und fühlen. Reflektieren Sie auch, wie Sie sich verhalten und was Sie dazu bewogen hat. Vielleicht können Sie das sich selbst verstärkende Prinzip dahinter entdecken. Sollten starke Gefühle in Ihnen aufwallen, lassen Sie sich nicht von ihnen fortreißen, sondern bleiben Sie präsent und beobachten Sie weiterhin. Das ist die beste Gelegenheit, um innerlich zu erfahren, dass Sie Gefühle *haben* und nicht Ihre Gefühle *sind*.

WAS IST IN DER LÜCKE?

»⟶ Werden Sie sich Ihrer Gedanken bewusst, und beobachten Sie sie eine Zeit lang. Vielleicht werden Sie feststellen, dass sie sich allmählich beruhigen.
»⟶ Bleiben Sie in der Rolle des Zuschauers, und legen Sie Ihren Fokus auf die Lücke zwischen zwei Gedanken. Was nehmen Sie wahr?
Jede Unterbrechung des unablässigen Gedankenstroms bedeutet, dass wir nicht mit unserem Verstand identifiziert sind. Sie holt uns in die Gegenwart zurück und eröffnet uns den Zugang zu einer tieferen Ebene unseres Seins. Möglicherweise empfinden Sie diese Pause einfach als wohltuend. Oder Sie fühlen Stille und inneren Frieden in sich. Vielleicht steigt auch ein Gefühl von Freude in Ihnen auf.

DAS TOR ZU UNSERER GEFÜHLSWELT

Genauso wichtig wie es ist, unsere Gedanken zu beobachten, ist es, uns unsere Gefühle bewusst zu machen. Unsere Gefühle spielen die Schlüsselrolle dabei, uns von unseren negativen Denkmustern zu lösen (→ Kapitel 4). Denn, wie wir wissen, sind unser Denken und Fühlen eng miteinander gekoppelt: Jeder Gedanke erzeugt ein Gefühl in uns. Unter Umständen sogar sehr starke Gefühle wie heftige Wut, tiefe Trauer oder die Angst, nicht geliebt oder verlassen zu werden. Deshalb ist es unumgänglich, dass wir uns unseren Gefühlen widmen und uns erlauben, sie zu spüren. Denn das ist es, was unsere Gefühle heilt: Sie brauchen nichts weiter, als da sein zu dürfen und von uns gesehen zu werden.

WIR SIND NICHT UNSERE GEFÜHLE

Häufig schenken wir unseren Gefühlen im Alltag zu wenig Beachtung. Wir weichen ihnen aus oder haben uns regelrecht von ihnen abgeschnitten, denn wir möchten unsere unangenehmen Gefühle

möglichst nicht spüren und verdrängen sie in den hintersten Winkel unseres Unterbewusstseins. Der Grund dafür ist: Wir halten eine Aussage wie »Ich bin nicht liebenswert« für eine gesicherte Tatsache und nicht nur für einen Gedanken. Und das damit verbundene Gefühl ist so schmerzlich, dass wir glauben, es nicht ertragen zu können. Deshalb setzen wir uns lieber nicht weiter damit auseinander. Allerdings: Der Schein trügt, denn selbst wenn wir unsere Gefühle unterdrücken, beeinflussen sie uns dennoch unterschwellig.

Schlüpfen wir in die Rolle unseres inneren Beobachters, können wir das Gefühl von außen betrachten, ohne damit identifiziert zu sein. Dann sind wir nicht länger von unserem Schmerz vereinnahmt. Wir sind der Zuschauer und erkennen, dass wir nicht abgelehnt sind, sondern uns nur im Moment so fühlen. Gelingt es uns, uns aus der Identifikation mit unseren Gefühlen zu befreien, verlieren sie automatisch ihren Schrecken.

UNSER KÖRPER IST EIN SPIEGEL

Unser Körper ist das Tor zu unserer Gefühlswelt. Denn: Jedes Gefühl hat ein Körperempfinden zur Folge. Alles, was wir erleben, spielt sich in unserem Körper ab. Er ist unser Erfahrungsraum. Sind wir zum Beispiel ängstlich, bricht uns vielleicht der Schweiß aus, und unser Herz fängt an zu klopfen. Überkommt uns Ärger, kann sich das in einer Anspannung im Kiefer oder im Bauch äußern.
Auch alte Gefühle, die wir nicht fühlen wollten und unterdrückt haben, merkt sich unser Körper übrigens und speichert sie in unseren Zellen ab wie in einem Gedächtnis. Dort frieren sie ein und können sich ebenfalls in verschiedenen körperlichen Symptomen zeigen. So lange, bis wir bereit sind, uns ihnen zuzuwenden. Dann können wir sie uns auch später noch ins Bewusstsein rufen und sie aus ihrer Erstarrung lösen.

Um uns unserer Gefühle bewusst zu werden, können wir also unseren Körper befragen.

Ob ein Kloß im Hals, ein Ziehen in der Schulter oder ein Druck auf der Brust – diesen Empfindungen lässt sich ein entsprechendes Gefühl zuordnen. Dazu nehmen wir den Körperzustand nicht einfach nur mit unserem Verstand zur Kenntnis, sondern spüren tief in ihn hinein, um ihn bewusst zu erleben. Vielleicht werden wir in dem Druck auf der Brust eine große Traurigkeit finden – ein Gefühl, das uns bis dahin völlig unbewusst war. Und das ist der entscheidende Punkt: Statt wie vorher unbewusst traurig zu sein, sehen wir das Gefühl jetzt durch die Augen des inneren Beobachters und sind uns unserer Traurigkeit bewusst. Und schon sind wir nicht mehr mit ihr identifiziert.
Unser Körper liefert unserem inneren Beobachter klare Hinweise auf unser Befinden und hilft uns so, die Identifikation mit unseren Gefühlen loszulassen. Dann verlieren wir uns nicht mehr so leicht in ihnen oder verwechseln sie mit einem Aspekt unseres Seins.

DEN KÖRPER SPÜREN

Übung

Manchmal nehmen wir uns zu wenig Zeit, um unseren Körper zu spüren und auf seine Signale zu hören. Diese Körper-Meditation gibt Ihnen die Gelegenheit, Ihre Wahrnehmung zu schulen. Die beste Voraussetzung, um unsere Gefühle wieder fühlen zu lernen (→ Seite 61).

⟫——→ Planen Sie etwa 10 bis 15 Minuten ein. Setzen oder legen Sie sich bequem hin, und schließen Sie die Augen. Holen Sie Ihre Aufmerksamkeit in Ihren Körper. Spüren Sie Ihren Atem. Bemerken Sie, wie sich Ihre Bauchdecke bei jedem Atemzug hebt und senkt.

⟫——→ Lenken Sie Ihre Aufmerksamkeit dann auf Ihre Sinneseindrücke: Nehmen Sie bewusst die Geräusche um sich herum wahr. Was riechen, schmecken und tasten Sie? Beobachten Sie alles, ohne es zu bewerten. Sollten Gedanken auftauchen, nehmen Sie sie einfach wahr. Versuchen Sie nicht, sie zu vertreiben. Wenn Sie abgedriftet sind, kehren Sie wieder zur Übung zurück.

⟫——→ Wenden Sie sich jetzt Ihren Körperempfindungen zu. Lassen Sie Ihren Atem weiter fließen. Spüren Sie von Kopf bis Fuß der Reihe nach in jeden Körperteil hinein, und widmen Sie jedem Ihre volle Aufmerksamkeit. Welche Empfindungen nehmen Sie wahr? Wie fühlen sich die Körperteile an? Sind sie angespannt oder entspannt, warm oder kalt, leicht oder schwer, wach oder müde? Spüren Sie vielleicht ein Ziehen, Kribbeln oder Zittern? Schmerz, Taubheit oder Druck? Erleben Sie jede Körperempfindung ganz bewusst, und benennen Sie sie.

⟫——→ Richten Sie Ihre Aufmerksamkeit zum Schluss nacheinander noch einmal auf zwei Körperstellen, in denen Sie unterschiedliche Empfindungen wahrnehmen. Beenden Sie die Übung mit mehreren tiefen Atemzügen.

Bei dieser Körper-Meditation üben Sie sich gleichzeitig darin, bei sich und Ihrer Wahrnehmung zu bleiben, ohne sich von äußeren Reizen wie Geräuschen ablenken zu lassen. Dann halten Sie sich auch mühelos auf Ihrem Beobachterposten, wenn starke Gefühle auf Sie einstürmen und Sie zu überwältigen drohen.

GEFÜHLE WAHRNEHMEN

Übung

Alles, was wir fühlen, zeigt sich im Körper. Er spiegelt uns unsere Gefühle deutlich wider. Um Gefühle, die uns unbewusst steuern, zu erkennen, brauchen wir unsere Aufmerksamkeit nur auf unser Körperempfinden zu richten.

»——→ Nehmen Sie sich etwa 10 bis 15 Minuten Zeit. Setzen oder legen Sie sich bequem hin, und schließen Sie die Augen. Denken Sie an eine Situation, in der Sie wütend waren, und rufen Sie sie sich ins Gedächtnis. Erinnern Sie sich an alle wichtigen Details. Nehmen Sie die Szenerie mit allen Sinnen wahr, und lassen Sie das Erlebnis in Ihnen lebendig werden.

»——→ Lenken Sie Ihre gesamte Aufmerksamkeit jetzt auf Ihren Körper. Welche Empfindungen nehmen Sie wahr? Und wo nehmen Sie sie wahr? Erleben Sie die Empfindungen ganz bewusst, und beschreiben Sie Ihr Körpergefühl möglichst genau. Vielleicht stellen Sie fest, dass der Gedanke an Wut Ihren Körper in Spannung versetzt. Lassen Sie die Bilder und Empfindungen dann mit einigen tiefen Atemzügen wieder los.

»——→ Jetzt erinnern Sie sich an eine Situation, in der Sie Angst hatten. Welche Empfindungen nehmen Sie jetzt wahr? Und wo können Sie sie spüren? Merken Sie möglicherweise, wie Ihr ganzer Körper innerlich vibriert oder sich zusammenzieht? Oder wie es in Ihrem Kopf eng wird? Nehmen Sie einige tiefe Atemzüge, und lassen Sie alles wieder los.

»——→ Rufen Sie sich jetzt ein freudiges Erlebnis in Erinnerung. Wie fühlt sich Freude an? Fühlen Sie sich leicht und beschwingt, hüpft Ihr Herz, oder sind Ihre Sinne hellwach? Um Ihr »Gefühls-Repertoire« zu erweitern, können Sie die Übung noch mit weiteren Gefühlen wie Trauer, Stress, Verzweiflung, Scham, Eifersucht oder Gleichgültigkeit machen. Beenden Sie die Übung mit mehreren tiefen Atemzügen, und schütteln Sie Ihren Körper leicht aus.

Jetzt wissen Sie, wie sich verschiedene Gefühle im Körper anfühlen. Umgekehrt wird es Ihnen später nicht schwerfallen, von einem Körperempfinden auf das entsprechende Gefühl zu schließen.

Dem sind
keine GRENZEN
gesetzt, der sie
NICHT HINNIMMT.

Zen-Weisheit

DEN GEDANKEN EINE RICHTUNG GEBEN

Je mehr Abstand wir von unserem falschen Selbstbild bekommen, desto eher verlieren unsere blockierenden Glaubenssätze und Überzeugungen ihre Wirkung auf uns. Unsere Gedanken und Gefühle können uns nicht mehr so leicht vereinnahmen. Allerdings werden sich unsere Denkmuster nicht von heute auf morgen wie auf Knopfdruck abstellen lassen. Deshalb ist es sehr hilfreich, ein paar Tricks zu kennen, wie wir unseren Verstand »bändigen« können, um unseren Denkmustern nicht ständig nachzugeben oder ihnen aus reiner Gewohnheit zu verfallen. Auch wenn Umdenken allein nicht so einfach funktioniert, weil im Hintergrund unsere Gefühle wirken, die wir nicht einfach außer Acht lassen können (→ Kapitel 4).

DIE STIMMEN IN UNS

In unserem Kopf schwirren verschiedenste Stimmen herum. Sie gehören inneren Anteilen von uns und spiegeln unsere Denkmuster wider. Ihre Absichten sind sehr gemischt. Sind uns diese Stimmen einmal bewusst, können wir frei entscheiden, ob wir ihnen Glauben schenken oder nicht. Und ob wir lieber der »fürsorglichen Person« oder dem »inneren Kritiker« folgen. Denn obwohl es nichts bringt, uns für unsere Gedanken zu verurteilen oder sie vertreiben zu wollen, ist es trotzdem sinnvoll, unsere Gedanken ein bisschen zu disziplinieren und zu lenken. So stoppen wir das negative Gedankenkarussell.

⭐ Der »innere Kritiker« lässt oft kein gutes Haar an uns. Er hält uns unsere Fehler und Misserfolge vor und sorgt dafür, dass wir uns klein und dumm fühlen. »Das schaffst du nie!« ist eines seiner Mantren. Die gute Seite an ihm: Er will uns vor der Kritik anderer schützen und hilft uns, uns richtig einzuschätzen.

⭐ Der »Schmeichler« lässt uns auch dann lächeln, wenn uns womöglich gar nicht danach zumute ist. Sein Ziel ist es, dass wir nirgendwo anecken.

⭐ Der »innere Antreiber« feuert uns an: »Streng dich noch ein bisschen mehr an!« Er verlangt uns Perfektion ab und gönnt uns keine Ruhepause. Andererseits schöpfen wir aus ihm viel Motivation.

⭐ Der »Beschützer« möchte, dass wir uns sicher fühlen und alles so bleibt, wie es ist. Leider kann uns das davon abhalten, uns zu verändern.

⭐ Die »fürsorgliche Person« achtet darauf, dass es allen gut geht. Allerdings bleiben unsere eigenen Bedürfnisse leicht auf der Strecke, wenn wir versuchen, es allen recht zu machen.

⭐ Das »innere Kind« ist der verletzliche Teil in uns. Es ist liebebedürftig und sucht Schutz. Gleichzeitig sprüht es nur so vor Lebensfreude, Lebendigkeit und Kreativität.

Innere Stimmen »sprechen aus«, was wir denken!

WAS WIR NICHT WOLLEN

Am liebsten würden wir unsere negativen Vorstellungen und Befürchtungen, die uns unsere Denkmuster glauben machen, so schnell wie möglich loswerden. Doch so paradox das klingt: Je mehr wir uns gedanklich – ob bewusst oder unbewusst – damit beschäftigen, was wir nicht wollen, desto größer ist die Wahrscheinlichkeit, dass genau das eintrifft. Wir verhindern unsere Erwartungen auf diese Weise also nicht etwa. Im Gegenteil: Wir sind so auf sie fokussiert, dass wir indirekt an ihnen festhalten und andere Möglichkeiten völlig ausblenden. Gleichzeitig investieren wir sehr viel Energie hinein und befeuern sie damit regelrecht.

Das Beste ist, uns stattdessen auf etwas Positives auszurichten.

Denn genauso, wie wir uns im Alltag mit unseren Überzeugungen negativ programmieren, können wir unsere Gedanken auch in eine Richtung steuern, die uns motiviert und unterstützt, anstelle uns kleinzumachen und zu behindern.

ZU TRÄUMEN WAGEN

Dazu verlagern wir unseren Fokus ganz bewusst auf die Chancen, die uns offenstehen, und auf die Fähigkeiten, die in uns stecken. Wir erlauben es uns, eine Zukunftsvision zu entwickeln, die uns mit Freude erfüllt. Allerdings sollten wir unsere Wünsche dabei nicht zu hoch aufhängen. Sie sollten uns noch erreichbar erscheinen. Je konkreter wir diese Wünsche formulieren können, desto besser. Susanne zum Beispiel sieht sich schon als Teilzeitkraft in einer PR-Agentur.

DEN VERSTAND UMPOLEN

Anschließend geht es darum, unser Denken neu zu programmieren. Der Trick dabei ist: Für unser Unterbewusstsein macht es keinen Unterschied, ob eine Situation tatsächlich eintritt oder ob wir sie uns nur vorstellen. Den Ausschlag gibt das emotionale Erleben. Haben wir einen konkreten Wunsch – wie im Fall von Susanne einen neuen Job –, konzentrieren wir uns darauf, wie es sein wird, wenn sich dieser Wunsch erfüllt. Wir malen es uns in den schillerndsten Farben aus. So lange, bis wir die Freude darüber spüren, auch körperlich. Dann speichert unser Unterbewusstsein den Glaubenssatz neu ab: »Du bist gut genug, du kannst das!« Und es merkt sich auch, wie glücklich wir uns dabei fühlen. Das hat Auswirkungen auf unser Verhalten. Wir werden uns zum Beispiel mit viel mehr Elan in die Umsetzung unseres Wunsches stürzen. Und im richtigen Moment, etwa einem Vorstellungsgespräch, können wir auf diese positive Bestärkung zurückgreifen und sie nutzen. Dazu ist es sinnvoll, sie immer wieder gedanklich durchzuspielen. Auf diese Weise lassen sich negative Glaubenssätze also durch positive ersetzen. Auch Affirmationen (→ Seite 68/69) können uns helfen, unser Denken positiv auszurichten.

ÖFTER »DANKE« SAGEN

Eine andere sehr wirkungsvolle Methode, negative Denkmuster aktiv zu verändern, ist es, sich in Dankbarkeit zu üben. Wie oft sehen wir nur die Dinge, die schieflaufen, die das Leben anstrengend machen und an denen es uns mangelt? Vieles betrachten wir als selbstverständlich und wissen es oft gar nicht zu schätzen. Besinnen wir uns zur Abwechslung auf all das, was unser Leben bereichert und was uns jeden Tag erfreut. Dabei sind es gerade auch die kleinen Dinge, die zählen. Es gibt immer etwas, wofür wir dankbar sein können.

Dankbarkeit bereitet den Boden für echte, tief empfundene Freude.

Wann haben Sie das letzte Mal zu sich selbst »Danke« gesagt? Wir tun das viel zu selten. Schauen Sie am Abend auf den Tag zurück, und überlegen Sie, wofür Sie sich selbst danken möchten. Zum Beispiel dafür, dass Sie immer Ihr Bestes tun, für sich selbst einstehen oder Ihren eigenen Weg gehen. Diese Übung wird Ihre Wertschätzung sich selbst gegenüber enorm steigern.

EINE INDIANISCHE WEISHEIT: DIE ZWEI WÖLFE

Ein alter Indianer saß mit seinem Enkel am Lagerfeuer. Die Nacht hatte sich über das Land gesenkt, und das Feuer krachte und knackte, während die Flammen hoch hinaus in den Himmel züngelten.

Eine Zeit lang starrten beide wortlos in das Feuer, bis der Kleine seinen Großvater aufforderte, ihm eine Geschichte zu erzählen.

Der weise Mann begann: »In deinem Leben wird dir vieles passieren. Doch wisse, dass alles, was dir widerfährt, aus deinem Herzen kommt.«

Er fuhr fort: »In deinem Herzen leben zwei Wölfe. Der eine ist der Wolf der Dunkelheit. Er ist rachsüchtig, aggressiv und ängstlich und bringt viel Leid und Schmerz. Der andere ist der Wolf des Lichts. Er ist liebevoll, sanft und mitfühlend, schenkt dir Mut und weist dir den rechten Weg.«

Nach einer Weile des Schweigens fuhr der Großvater fort: »Beide Wölfe kämpfen oft miteinander. Sie umkreisen sich gegenseitig und fletschen die Zähne. Sie ruhen niemals.«

»Und«, fragte der Enkel ungeduldig, »welcher Wolf wird den Kampf gewinnen?«

Der Großvater lächelte und antwortete: »Der Wolf, den du fütterst.«

AFFIRMATIONEN, DIE UNSERE GEDANKEN POSITIV AUSRICHTEN

Für mich ist jederzeit gut gesorgt.
Bedeutung: Oft machen wir uns viel zu viele Sorgen. Sogar um Dinge, die wir gar nicht selbst in der Hand haben. Wir können uns sicher sein: Das Leben liebt uns und meint es immer gut mit uns. Vertrauen wir darauf.

Ich bin immer zur richtigen Zeit am richtigen Ort. Ich tue immer genau das Richtige.
Bedeutung: Wie oft wünschen wir uns die Dinge anders. Oder haben Angst, das Falsche zu tun. Wenn wir aufhören, alles – auch uns selbst – ständig zu bewerten, ist alles perfekt, so, wie es ist.

Ich heiße Veränderungen willkommen.
Bedeutung: Leben heißt Veränderung. Akzeptieren wir sie und geben uns dem Fluss des Lebens hin, öffnen wir uns für alles, was das Leben uns schenken möchte. Sagen wir »Ja« zum Leben!

*Alles, was mir widerfährt,
ist zu meinem Besten.*

Bedeutung: Wenn uns das auch
nicht immer auf Anhieb einleuch-
ten mag – betrachten wir das
Leben als eine Schule, dann ist
jede Erfahrung dazu da,
um daran zu wachsen.

*Jeder Augenblick meines Lebens
ist ein Neuanfang.*

Bedeutung: Lassen wir uns ganz auf
die Gegenwart ein, ist kein Moment
wie der andere. Das Leben über-
rascht uns immer wieder aufs Neue.
Und wir können uns in jedem
Augenblick neu erfinden – und
Begrenzungen hinter uns lassen.

Ich entscheide mich, frei zu sein.

Bedeutung: Lassen wir Gedanken, die uns behindern, bewusst
los. Dann öffnen wir unseren
Blick für die unendliche Viel-
zahl an Möglichkeiten.
Was bedeutet Freiheit für Sie?
Finden Sie es heraus!

»NOTFALL«-TIPPS BEI HARTNÄCKIGEN GLAUBENSSÄTZEN

Praxistipps

»Das kann ich nicht!«, »Ich bin nicht gut genug«, »Ich bin es nicht wert«, »Bei Frauen bzw. Männern habe ich keine Chance«. Ihr Gedankenkarussell nimmt gerade volle Fahrt auf? Und nichts scheint es stoppen zu können? Manche unserer Glaubenssätze und Überzeugungen sind besonders hartnäckig und malträtieren uns regelrecht. Sie schüren zum Beispiel Ängste, verursachen nagende Selbstzweifel und Schuldvorwürfe oder geben uns das Gefühl, Opfer der äußeren Umstände zu sein. Der Gegenwind im eigenen Kopf kann uns völlig durcheinanderwirbeln und blockieren. Diese »Notfall«-Tipps helfen Ihnen aus Ihrer Denkblockade heraus.

DARAN ERKENNEN SIE EINE DENKBLOCKADE

Haben Sie eines der folgenden Symptome? Sobald Sie erkannt haben, dass Sie sich in einer Blockade befinden, können Sie sie beiseiteräumen.

⭐ Sie haben den nötigen Abstand zu Ihrem Ego verloren und identifizieren sich mit Ihren Glaubenssätzen.

⭐ Sie reagieren sehr impulsiv und emotional.

⭐ Sie spulen ein automatisches Reaktionsmuster ab und rechtfertigen sich zum Beispiel, setzen andere ins Unrecht oder machen sich selbst Vorwürfe.

⭐ Sie sehen nur noch schwarz und blenden alles Positive aus.

⭐ Sie fühlen sich unruhig, gestresst, ängstlich, unfrei oder energielos.

⭐ Sie sind sich selbst gegenüber sehr kritisch und abwertend.

SAGEN SIE »STOPP!«

Bei hartnäckigen Glaubenssätzen hilft es, mitten in die endlosen Gedankenschleifen »hineinzugrätschen« und laut und deutlich »Stopp!« zu rufen, um ihnen auf diese Weise Einhalt zu gebieten. Wichtig ist es, dass Sie in diesem Moment innerlich fest dazu entschlossen sind, die Stimmen in Ihrem Kopf zu stoppen, und es wirklich ernst meinen. Lassen Sie sich nicht in Diskussionen mit Ihrem Ego verwickeln. Wenn es Ihnen entgegnet: »Ja, schon … aber du wirst trotzdem versagen«, sagen Sie einfach noch einmal energisch: »Stopp!« – »Na gut, aber ich weiß einfach, dass du versagen wirst.« – »Stopp!« Stellen Sie sich vor, dass Sie Ihr Ego wie einen kleinen Hund erziehen.

NOCH MEHR TIPPS GEGEN DENKBLOCKADEN

Wechseln Sie die Szene

⭐ Statt sich weiter in die Blockade hineinzusteigern, lenken Sie sich ab und tun Sie etwas, was Sie auf andere Gedanken bringt. Etwas, das Ihnen richtig guttut. Setzen Sie sich in ein Café und lesen die Zeitung. Gönnen Sie sich ein heißes Bad. Oder werden Sie kreativ und basteln, malen, singen oder musizieren Sie. Sie werden sehen – das heitert Ihre Stimmung ganz schnell auf.

Kommen Sie wieder in Fluss

⭐ Bewegung wirkt Wunder. Machen Sie einen kleinen Spaziergang, oder joggen Sie eine Runde. Bewegung kurbelt nicht nur den Kreislauf an, sondern bringt auch festgefahrene Gedanken in Schwung. Die blockierenden Denkmuster lösen sich, fließen einfach weiter und ziehen vorbei. Jetzt ist es Ihnen wieder möglich, einen Schritt zurückzutreten und sich von Ihrem Ego zu distanzieren.

Lassen Sie sich aufmuntern

⭐ Rufen Sie eine liebe Freundin oder einen lieben Freund an. Jemanden, der Sie gut kennt und Sie wieder aufmuntern kann. Nicht jemanden, der Sie womöglich bemitleidet und in Ihren Ängsten oder Sorgen noch bestärkt. Bitten Sie sie oder ihn, Ihnen zu sagen, was Ihre besonderen Fähigkeiten sind oder was Sie besonders liebenswert macht. Erlauben Sie sich, diese Anerkennung wirklich anzunehmen. Das ist wie Balsam für die Seele.

Loslass-Atem-Übung

»⟶ Setzen Sie sich aufrecht auf einen Stuhl, und schließen Sie die Augen. Atmen Sie langsam und tief durch die Nase ein und durch den leicht geöffneten Mund wieder aus.

»⟶ Stellen Sie sich vor, wie Sie bei jedem Ausatmen Anspannung, Sorgen und Stress einfach loslassen. Machen Sie die Übung so lange, bis Ihr Körper und Ihr Geist zur Ruhe kommen.

Viertes Kapitel

Fühlen ist der Schlüssel: Wie Sie Ihre Denkblockaden mit der Heilkraft des Herzens auflösen

In diesem Kapitel erfahren Sie:

Wie wir unsere schmerzlichen
Gefühle heilen können

»→

Welche »Medizin« uns unser
Innerstes Herz schenkt

»→

Wie wir unseren negativen
Glaubenssätzen
den Boden entziehen

»→

Wie wir ein neues Lebensgefühl
und innere Freiheit gewinnen

»JA« ZU UNSEREN GEFÜHLEN

Vielen unserer blockierenden Glaubenssätze liegen sehr schmerzliche Erfahrungen zugrunde, die wir in unserer Kindheit gemacht haben. Dieser alte Schmerz ist immer noch in uns aktiv und wirkt bis auf den heutigen Tag. Alltägliche Situationen, die uns an früher erinnern, können ihn jederzeit »antriggern« und unsere bekannten Reaktionsmuster in Gang bringen. Wenn wir uns also von unseren Denkmustern lösen möchten, geht es letztlich darum, unsere tiefen Verletzungen zu heilen, also das »Übel« an der Wurzel zu packen. Ihnen – wie unseren Gefühlen überhaupt – kommt die Schlüsselrolle bei diesem Loslass-Prozess zu.

SCHICHTEN DER GEFÜHLE

Welche Probleme, Sorgen und Nöte auch immer uns schon das ganze Leben begleiten – jedes Thema setzt sich aus mehreren Schichten von Gefühlen zusammen. Charlotte zum Beispiel, die davon überzeugt ist, dass sie es nicht wert ist, geliebt zu werden, ist nach Erlebnissen wie der Begegnung mit ihren Vereinskolleginnen ziemlich verärgert, weil sie sich ausgegrenzt fühlt. Unter ihrem Ärger verbirgt sich eine große Traurigkeit, die sie in sich hineinfrisst und sich möglichst nicht anmerken lässt.

Christian, der glaubt, es allen recht machen zu müssen, und immer sein Bestes gibt, platzt manchmal der Kragen. Seine Gefühle brechen sich ab und zu in heftigen Wutausbrüchen Bahn. Wut auf seine Mitarbeiter, die ihn nicht unterstützen, und Wut auf seinen Chef, der ihm so viel abverlangt. Die Wut verdeckt seine geheime Angst davor, ganz allein dazustehen. Solche negativen Gefühle wie Ärger, Wut, Traurigkeit und Angst, die sich häufig gegen andere richten können, bilden die äußeren Gefühlsschichten. »Negativ« deshalb, weil sie negativen Gedanken entspringen. Ihre Absicht besteht darin, uns die eigentlichen Gefühle nicht spüren zu lassen: den tiefen Schmerz in unserem Inneren. In Wahrheit versteckt sich unter Charlottes Ärger und Traurigkeit nämlich das große Leid, sich abgelehnt und zurückgewiesen zu fühlen. Und Christian ist zutiefst verletzt, weil er sich nicht geliebt fühlt – oder nur gegen Bedingungen.

Mit anderen Worten: Die äußeren Gefühle sind ein Abwehrmechanismus, der uns unbewusst davor schützt, die alten Verletzungen wieder erleben zu müssen. Sie sind eine Art Überlebensstrategie, die wir uns angeeignet haben, die uns heute allerdings nicht mehr unbedingt dienlich ist.

KEINE GRUNDLAGE MEHR

In der gleichen Weise, wie unsere Gefühle geschichtet sind, offenbaren sie sich uns auch – von außen nach innen. Dabei hilft uns unser Körper, dessen Empfindungen Ausdruck unserer Gefühle sind. Und unser innerer Beobachter unterstützt uns, indem er uns den nötigen Abstand zu ihnen wahren lässt. Auch alte »eingefrorene« Gefühle werden uns so wieder zugänglich.

Unsere Gefühle ganz anzunehmen und uns diesen unerlösten Anteilen von uns liebevoll zuzuwenden – das ist das beste Mittel, um sie zu heilen. Schon das Erleben eines einzelnen Gefühls ist sehr heilsam für uns: Lassen wir zum Beispiel die Angst zu versagen, die wir sonst immer unterdrücken, an uns heran, wird plötzlich mehr Selbstvertrauen in uns wachsen. Und statt neue Aufgaben – wie sonst – lieber zu vermeiden, werden wir uns leichter an sie heranwagen.

Gefühle haben verschiedene Schichten.

Äußere negative Gefühle: Nervosität, Angst, Panik, Schock, Stress, Ärger, Wut, Hass, Trotz, Verbitterung, Trauer, Verzweiflung, Neid, Resignation, Sinnlosigkeit, Kälte, Scham

Tiefer Schmerz im Inneren: sich im Stich gelassen, verlassen, einsam, verraten, betrogen, ausgenutzt, ohnmächtig, wertlos, minderwertig, nicht anerkannt, schlecht, böse, abgelehnt, zurückgewiesen, ungeliebt, nicht willkommen, nicht gesehen, gedemütigt, lächerlich gemacht oder erdrückt fühlen

Sobald wir an den tiefen Schmerz in unserem Inneren gelangen, zum Ausgangspunkt unseres Leids, und diese alten Wunden heilen, fallen unsere negativen Denkmuster in sich zusammen.

Denn damit ist ihnen die Grundlage entzogen. Einfach so! Jetzt sind wir wirklich dazu imstande, uns endlich von unseren bremsenden Glaubenssätzen und Überzeugungen zu befreien.

DIE HEILKRAFT DES HERZENS

Unser Herz ist nicht einfach nur ein lebenswichtiges Organ, das Blut durch unseren Körper pumpt. Es reagiert unmittelbar auf das, was wir fühlen. Unser Herz klopft ängstlich, wenn wir aufgeregt sind, und schlägt höher, wenn wir verliebt sind. Manchmal liegt uns etwas auf dem Herzen. Und wenn wir uns freuen, wird es uns leicht ums Herz. Das Herz ist das Zentrum unseres Fühlens. Es ist deshalb auch der Ort, wo all unsere Gefühle heilen können.

MEHR ALS EIN KÖRPERORGAN

Unser Herz umfasst sogar noch mehr als das. Wie der innere Beobachter ist das Herz eine Instanz in uns, die alles aus einer übergeordneten Perspektive wahrnimmt und uns im tiefsten Inneren kennt und versteht. Während uns unser innerer Beobachter hilft, uns unsere Denkmuster und Gefühle bewusst zu machen und uns von unserem falschen Selbstbild zu distanzieren, ist dieses Innerste Herz der Raum in uns, wo unsere Gefühle da sein dürfen und gesehen werden und ihnen

Liebe und Mitgefühl zuteilwerden. Verbunden mit unserem Innersten Herz kommen wir mit einer tieferen Ebene unseres Seins in Kontakt, unserem wahren Selbst, das jenseits all unserer vermeintlichen Begrenzungen liegt. Darüber hinaus wohnt unserem Innersten Herz eine unerschöpfliche Weisheit inne, die uns Erkenntnisse schenkt und uns größere Zusammenhänge aufzeigt.

> In unserem Innersten Herz können wir uns wie zu Hause fühlen.

Wir können uns jederzeit an unser Innerstes Herz wenden. Wie ein ruhender Pol ist es uns immer liebevoll zugewandt, selbst wenn die Wellen im Außen höher schlagen. Es bewertet uns nicht und fragt nicht nach »richtig« oder »falsch«. Es macht uns nicht klein, weist uns keine Schuld zu und versucht nicht, uns zu manipulieren. Um in Kontakt mit unserem Innersten Herz zu treten, lenken wir

unsere Aufmerksamkeit nach innen und spüren in unseren Brustraum, etwa dorthin, wo unser physisches Herz ist.

DIE BESTE »MEDIZIN«

Sobald wir unser Herz für unsere Gefühle öffnen und ihnen einen Platz darin schenken, können sie heilen. Im Innersten Herz sind alle Gefühle willkommen – auch Wut, die wir uns oft verbieten, oder Trauer, die wir lieber verbergen. Und der tiefe Schmerz, der uns so viel Leid bereitet. Und da wir auf der Ebene des Herzens nicht mit unseren Gefühlen identifiziert sind, können wir sie bewusst fühlen, ohne uns in ihnen zu verlieren. Unser Innerstes Herz widmet sich unseren Gefühlen voller Mitgefühl und Anteilnahme. Wir merken das daran, dass sich in uns große Erleichterung oder tiefe Erschütterung breitmacht. Ein Zeichen dafür, dass sich unser Herz unseren

Gefühlen geöffnet hat und zutiefst berührt ist. Es erlaubt unseren Gefühlen, Raum zu nehmen, erkennt sie an und ist einfach für sie da. Zugleich gibt uns das Innerste Herz genau das, was wir im Moment brauchen, zum Beispiel Trost oder Ermunterung. Und es gewährt uns auch all das, was wir so lange schmerzlich vermisst haben – sei es Liebe, Anerkennung oder Respekt. Das ist die »Medizin«, die unsere Gefühle schließlich erlöst. Vielleicht stellen wir dann zu unserer eigenen Überraschung fest, dass wir alles, wonach wir uns so sehr gesehnt haben, in uns selbst entdecken können: in unserem Innersten Herz. Es ist nicht nötig, irgendwo im Außen danach zu suchen. Und während sich unser Herz um unsere Gefühle kümmert, kehren allmählich Stille, Frieden oder Freude in uns ein.

Es ist, als seien wir ganz bei uns selbst angekommen.

Beim Durchleben unserer Gefühle können wir die damit verbundenen Erfahrungen abschließen und müssen sie nicht länger wiederholen. Das gewohnte Verhaltensmuster, das die Funktion hatte, unsere schmerzlichen Gefühle zu vermeiden, ist damit hinfällig. Sobald wir unsere Gefühle nicht mehr verdrängen, können wir das Muster aufgeben.

SO ÖFFNEN UND NÄHREN SIE IHR HERZ

Praxistipps

Im täglichen Leben verschließen wir unser Herz oft und sind nicht empfänglich für unsere Gefühle. Wir verlassen uns lieber auf unseren Kopf als auf unser Herz. Sobald wir unser Herz öffnen, finden wir wieder Zugang zu unseren Gefühlen. Das lässt sich üben!

Tipps, die Ihr Herz erwärmen

Immer wieder erleben wir Situationen, die uns »zu Herzen« gehen. In solchen Momenten öffnet sich unser Herz. Sorgen wir für viele Erlebnisse dieser Art, nähren wir unser Herz und tun uns und unserem Herzen gleichermaßen etwas Gutes.

⭐ Erfreuen Sie sich an dem Anblick schöner Dinge – sei es Kunst oder ein Blumenstrauß.

⭐ Sagen Sie einem lieben Menschen, wie viel er Ihnen bedeutet.

⭐ Streicheln Sie ein Tier.

⭐ Verwöhnen Sie sich selbst: Kochen Sie sich zum Beispiel Ihr Lieblingsessen, oder entspannen Sie sich in der Sauna.

⭐ Machen Sie den ersten Schritt, und begraben Sie einen alten Streit.

⭐ Hören Sie gefühlvolle Musik, oder schauen Sie einen Film, der Sie berührt.

⭐ Schreiben Sie einen Liebesbrief an sich selbst.

⭐ Bringen Sie jemanden zum Lachen.

Nähren Sie das Kind in sich

Kinder haben eine besondere Begabung dafür, unser Herz zu öffnen. Gönnen Sie sich eine kleine Auszeit, und werden Sie selbst wieder zum Kind:

⭐ Tun Sie etwas, das Sie als Kind besonders gern getan haben, etwa schaukeln, Eis essen oder Blumen pflücken.

⭐ Lassen Sie für ein paar Stunden die Seele baumeln und sich einfach in den Tag hineintreiben. Ohne ein Ziel vor Augen. Fragen Sie das Kind in sich, wozu es Lust hat.

⭐ Lassen Sie Ihrer Fantasie freien Lauf, und träumen Sie einen Kindertraum. Ist Ihr Traum wirklich so abwegig? Wie können Sie ihn verwirklichen?

⭐ Tun Sie etwas Verrücktes oder Unvernünftiges. Ziehen Sie die Schuhe aus, und laufen Sie barfuß. Oder legen Sie Musik auf, und singen Sie lauthals mit. Genießen Sie den Spaß dabei!

HERZ-MEDITATION

Diese Meditation hilft Ihnen dabei, Ihr Herz zu öffnen.

»⟶ Schließen Sie die Augen. Richten Sie Ihre Aufmerksamkeit auf Ihren Atem, und spüren Sie, wie sich Ihre Bauchdecke mit jedem Atemzug hebt und senkt.

»⟶ Jetzt wenden Sie Ihre Aufmerksamkeit nach innen – etwa dorthin, wo Ihr physisches Herz ist –, und nehmen Sie Ihr Innerstes Herz wahr. Atmen Sie mit jedem Atemzug helles Licht in Ihr Innerstes Herz hinein. Dehnen Sie es dabei aus – so weit, wie es sich für Sie gut anfühlt. Was spüren Sie?

»⟶ Dann stellen Sie sich im Inneren Ihres Herzens eine Blüte vor. Nehmen Sie wahr, wie sich die Blüte mit jedem Atemzug weiter öffnet und sich schließlich zu ihrer ganzen Schönheit entfaltet. Verweilen Sie einige Zeit in diesem Zustand, und lassen Sie Ihren Atem weiter fließen. Beenden Sie die Meditation mit einem tiefen Atemzug.

LERNEN SIE IHR INNERSTES HERZ KENNEN

Unser Innerstes Herz ist immer für uns da und nimmt sich unserer Gefühle liebevoll an. Mit dieser Übung können Sie sich mit ihm vertraut machen.

»⟶ Schließen Sie die Augen. Spüren Sie Ihren Atem, und lassen Sie ihn fließen. Richten Sie Ihre Aufmerksamkeit nach innen auf Ihr Innerstes Herz. Atmen Sie tief hinein, und dehnen Sie es dabei aus. Nehmen Sie wahr, wie sich das anfühlt.

»⟶ Denken Sie an ein schönes Erlebnis, das Sie berührt, erfüllt oder freudig gestimmt hat. Vielleicht eine nahe Begegnung mit einem lieben Menschen. Oder Sie haben ein aufwendiges Projekt erfolgreich abgeschlossen. Nehmen Sie Ihr Körperempfinden bewusst wahr. Wie fühlen Sie sich? Erlauben Sie Ihrem Gefühl, ganz da zu sein, und übergeben Sie es Ihrem Innersten Herz. Lassen Sie Ihr Herz davon berühren.

»⟶ Jetzt denken Sie an ein Erlebnis, das Sie in Stress versetzt hat. Sie stehen zum Beispiel im Stau und müssen zu einem wichtigen Termin. Spüren Sie in Ihren Körper hinein. Was fühlen Sie? Dann schließen Sie Ihr Gefühl in Ihr Innerstes Herz. Nehmen Sie die Regungen Ihres Herzens bewusst wahr.

DAS HERZ IST DA,

immer offen für dich,

wenn DIR daran liegt,

in es hineinzugehen.

Ramana Maharshi

GLAUBENSSÄTZE AUFLÖSEN MIT DER HERZENS-HEILARBEIT

Setzen wir die einzelnen Bausteine, mit denen wir uns bisher beschäftigt haben, wie ein Puzzle zusammen, wird daraus eine konkrete Vorgehensweise. Jetzt haben Sie alle Instrumente bei der Hand, um Ihre negativen Glaubenssätze aufzulösen. Das Wesen der Herzens-Heilarbeit ist es dabei, in einen direkten Austausch mit unserem Innersten Herz zu gehen. Auch mit unseren Gefühlen können wir uns unterhalten. Die Antworten des Innersten Herzens können zum Beispiel in Form von Bildern, Worten, Empfindungen oder einem inneren Wissen in Erscheinung treten.

1. Wählen Sie ein Thema aus

Sie sind Ihren Glaubenssätzen bereits auf die Spur gekommen und haben die Muster entdeckt, die Sie häufig ähnliche Situationen erleben lassen und Ihnen Ihre Glaubenssätze dauernd aufs Neue bestätigen. Welcher Glaubenssatz besetzt Ihre Gedanken zurzeit oder immer wieder? Zuerst rufen Sie sich eine typische Situation in Erinnerung. Das ist der Ausgangspunkt für die Übung.

2. Nehmen Sie die Rolle des inneren Beobachters ein

Der innere Beobachter ist die Instanz in uns, die uns hilft, unsere Gedanken und Gefühle aus der Distanz wahrzunehmen. Aus dieser neutralen Beobachterposition gelingt es Ihnen, sich Ihrem inneren Erleben bewusst zu werden und sich ihm zuzuwenden, ohne sich damit zu identifizieren oder darin zu verstricken.

3. Erzählen Sie Ihre Geschichte dem Innersten Herz

Wie der innere Beobachter ist das Innerste Herz eine Instanz in uns, die das Geschehen von einer höheren Warte aus betrachtet. Gleichzeitig nimmt sich das Innerste Herz unserer Gefühle voller Liebe und Mitgefühl an und birgt eine tiefe Weisheit in sich. Es ist jederzeit möglich, mit dem Innersten Herz in einen Dialog zu treten und es zurate zu ziehen. Dazu erzählen Sie ihm Ihre Geschichte.

4. Nehmen Sie Ihr Körperempfinden wahr

Alles, was wir denken und fühlen, spiegelt sich in unserem Körper wider. Unser Körper ist das Tor zu unserer Gefühlswelt. Im nächsten Schritt lenken Sie Ihre Aufmerksamkeit auf Ihren Körper und nehmen Ihr Körpererleben, das die Situation in Ihnen auslöst, bewusst wahr, sei es ein Kribbeln, Druck oder Taubheit.

5. Erleben Sie das Gefühl in sich

In diesem Körperempfinden gilt es anschließend, das entsprechende Gefühl zu entdecken. Wie sich Wut, Angst und andere Gefühle im Körper anfühlen, haben Sie schon kennengelernt. Deshalb wird es Ihnen umgekehrt gelingen, von Ihrem Körperempfinden auf Ihr Gefühl zu schließen.

6. Schenken Sie Ihrem Gefühl einen Platz in Ihrem Innersten Herz

Im Anschluss daran schildern Sie Ihrem Innersten Herz, was Sie innerlich bewegt, und übergeben ihm dann Ihr Gefühl. Ihr Innerstes Herz weiß, was zu tun ist, und schenkt Ihrem Gefühl genau das, was es braucht. Es kennt die richtige »Medizin« zur Heilung Ihres Gefühls.

7. Kehren Sie zum Ausgangspunkt zurück

Zuletzt werfen Sie noch einmal einen Blick auf Ihre Ausgangssituation und nehmen wahr, wie Sie sich jetzt fühlen.

Wiederholen Sie die Übung (→ Seite 84) bei Bedarf. Sie werden merken, dass Sie sich mit jedem Mal mehr von Ihren gewohnten Denk- und Verhaltensmustern verabschieden und mehr innere Freiheit gewinnen. So lange, bis Sie auch Ihren tiefen Schmerz geheilt haben und nicht mehr mit ihm identifiziert sind. Dann lösen sich Ihre blockierenden Glaubenssätze vollständig auf.

Bewusstes Atmen unterstützt Sie dabei, ein Körperempfinden wahrzunehmen und intensiv zu erleben. Versuchen Sie deshalb, sich Ihres Atems bewusst zu sein und ihn zu spüren, während Sie Ihre Aufmerksamkeit auf einen Körperbereich lenken. Bewusstes Atmen hilft Ihnen auch dabei, die Gefühle in sich zu spüren.

DENKBLOCKADEN AUFLÖSEN
SCHRITT FÜR SCHRITT

Übung

Bevor Sie mit der Übung beginnen, richten Sie sich einen gemütlichen Platz her. Sie können auf einem Stuhl oder auf einem Meditationskissen sitzen. Schaffen Sie sich eine behagliche Lichtatmosphäre. Vielleicht zünden Sie eine Kerze an. Nehmen Sie sich etwa 30 Minuten Zeit.

1. Wählen Sie ein Thema aus

»⟶ Entscheiden Sie sich zuerst für ein Thema, das Sie sich anschauen möchten. Wählen Sie also einen Glaubenssatz aus, der spontan auftaucht oder Ihnen zurzeit immer wieder durch den Kopf geht.

»⟶ Erinnern Sie sich an eine typische Situation, und stellen Sie sich diese Situation möglichst bildlich vor. Rufen Sie sich alle Einzelheiten ins Gedächtnis, die Ihnen einfallen: Was ist passiert? Wie haben Sie die Situation wahrgenommen?

»⟶ Wenn Sie eine aktuelle Situation emotional aufwühlt und sehr beschäftigt, deren zugrunde liegenden Glaubenssatz Sie noch nicht kennen, können Sie auch damit als Ausgangspunkt einsteigen.

2. Nehmen Sie die Rolle des inneren Beobachters ein

»⟶ Schlüpfen Sie in die Rolle Ihres inneren Beobachters, und nehmen Sie das Geschehen aus seiner Perspektive wahr. Treten Sie innerlich ganz bewusst einen Schritt von Ihren Gedanken und Gefühlen zurück, und schaffen Sie einen Abstand zwischen sich und Ihrem Erleben. Aus dieser Distanz können Sie beobachten, was in Ihnen vorgeht, ohne es zu bewerten oder darauf reagieren zu müssen. Wichtig dabei ist, dass Sie sich Ihrer selbst als Zeuge Ihres eigenen Erlebens bewusst sind.

3. Erzählen Sie Ihre Geschichte Ihrem Innersten Herz

»⟶ Jetzt lenken Sie Ihre Aufmerksamkeit nach innen, und spüren Sie in Ihren Brustraum – etwa dorthin, wo auch Ihr physisches Herz ist. Wenden Sie sich an Ihr Innerstes Herz, und begrüßen Sie es zuerst. Sagen Sie zum Beispiel: »Liebes Innerstes Herz, wie schön, dass du da bist. Ich möchte heute gerne mit dir zusammen ein Thema genauer beleuchten, das mich bewegt.«

»———➤ Dann erzählen Sie Ihrem Innersten Herz die Situation wie einer guten Freundin oder einem guten Freund. Fokussieren Sie sich dabei auf das Wesentliche. Schildern Sie ihm auch, wie es Ihnen geht und was Sie bedrückt oder belastet. Spüren Sie dabei Ihren Atem.

4. Nehmen Sie Ihr Körperempfinden wahr

»———➤ Versenken Sie sich jetzt in Ihren Körper hinein, und seien Sie ganz in ihm präsent. Nehmen Sie bewusst alle Empfindungen wahr, die auftauchen, wenn Sie sich Ihre Ausgangssituation vor Augen führen. Wandern Sie mit Ihrer Aufmerksamkeit durch den ganzen Körper: Kopf, Hals, Schultern, Arme, Hände, Brust, Bauch, Rücken, Becken, Beine und Füße.

»———➤ Achten Sie dabei auf Ihre Gesichtszüge, Ihren Kiefer, den Kontakt Ihrer Füße zum Boden, Ihre Körperhaltung und Ihre Körperspannung. Vielleicht haben Sie einen spontanen Bewegungsimpuls.

»———➤ Beobachten Sie auch Ihren Atem. Ist er tief oder flach, flattrig, schwer oder angehalten? Bleiben Sie in der Position des inneren Beobachters und bemerken Sie alles, was sich zeigt.

»———➤ Richten Sie Ihre Aufmerksamkeit dann auf den Körperbereich, der am meisten Interesse bei Ihnen weckt, und erleben Sie Ihr Körperempfinden ganz bewusst – sei es ein Stechen, Kribbeln, Druck, Herzklopfen, Anspannung oder Schmerz.

5. Erleben Sie das Gefühl in sich

»———➤ Jetzt geht es darum, das Gefühl zu erkennen, das in Ihrem Körperempfinden zum Ausdruck kommt. Wenden Sie sich dazu mit Ihrer Aufmerksamkeit nach innen, und stellen Sie sich die Frage: »Wie fühle ich mich?« Versuchen Sie nicht, darauf im Kopf eine Antwort zu finden. Bleiben Sie beim Spüren, und lassen Sie die Antwort aus Ihrem Inneren von einer tieferen Bewusstseinsebene aufsteigen. Um sich Ihr Gefühl bewusst zu machen, benennen Sie es (→ Kasten auf Seite 75).

»———➤ Nehmen Sie sich Zeit, um Ihr Gefühl genau zu erforschen und es intensiv kennenzulernen. Behalten Sie dabei die Beobachterrolle bei.

»———➤ Rufen Sie Ihr Gefühl dann zu sich her, und sprechen Sie es direkt an, zum Beispiel: »Hallo, Angst, komm doch mal her. Was bist du für eine Angst?« Ihr Gefühl wird Ihnen daraufhin Auskunft darüber geben, um welche Art von Angst beispielsweise es sich handelt. Hinter dem Glaubenssatz »Ich bin nicht gut genug« könnte sich etwa die Angst verbergen, zu versagen oder sich zu blamieren.

»———→ Ob beim ersten Mal oder nachdem Sie ein oder mehrere negative Gefühle ins Innerste Herz geholt haben – früher oder später werden Sie auch Ihrem tiefen Schmerz begegnen. Nehmen Sie ihn dann genauso wahr, wie Sie es auch mit Ihren negativen Gefühlen tun. Wie ist es, sich so zu fühlen? Anschließend fragen Sie: »Hallo, Schmerz, komm doch mal her. Was bist du für ein Schmerz?« Vielleicht offenbart sich der Schmerz als das Gefühl von Wertlosigkeit oder Demütigung unter der Versagensangst. Dann holen Sie den Schmerz in Ihr Innerstes Herz.

6. Schenken Sie Ihrem Gefühl einen Platz in Ihrem Innersten Herz

»———→ Wenden Sie sich jetzt wieder an Ihr Innerstes Herz, und beschreiben Sie ihm genau, wie Sie sich fühlen. Seien Sie ehrlich zu sich selbst, und halten Sie nichts zurück. Nehmen Sie dabei Ihr Gefühl weiterhin bewusst wahr. Erlauben Sie ihm, ganz da zu sein, aber lassen Sie sich nicht davon fortreißen.

»———→ Sind Sie von einer Situation ausgegangen, ohne den zugrunde liegenden Glaubenssatz zu kennen, können Sie Ihr Innerstes Herz an dieser Stelle zum Beispiel fragen: »Liebes Innerstes Herz, kannst du mir sagen, was hinter meiner Versagensangst steckt?« Ihr Innerstes Herz antwortet Ihnen dann vielleicht so: »Ja, dahinter steckt der Gedanke: ›Ich bin nicht gut genug.‹«

»———→ Anschließend fragen Sie Ihr Innerstes Herz: »Liebes Innerstes Herz, darf ich dir das Gefühl (zum Beispiel die Versagensangst) übergeben?« Ihr Innerstes Herz wird Ihnen daraufhin vermutlich mit »Ja« antworten. Dann tun Sie das: Reichen Sie Ihrem Herz Ihr Gefühl, und schenken Sie ihm einen Platz darin. Atmen Sie tief in Ihr Innerstes Herz hinein, und fühlen Sie Ihr Gefühl in all seinen Facetten.

»———→ Achten Sie auf die Regungen Ihres Herzens. Sobald Sie innerlich berührt sind und ein Gefühl der Erleichterung oder Erschütterung in Ihnen aufsteigt, ist das ein Zeichen dafür, dass sich Ihr Innerstes Herz Ihrem Gefühl jetzt annimmt.

»———→ Verweilen Sie einige Zeit dabei, in Ihr Innerstes Herz hineinzuspüren. Nehmen Sie bewusst wahr, wie sich das anfühlt. Und wie sich Ihr Gefühl jetzt anfühlt. Was spüren Sie im Körper?

»———→ Um das Thema abzurunden, wenden Sie sich wieder an Ihr Innerstes

Herz und fragen Sie: »Liebes Innerstes Herz, gibt es noch etwas, das ich in diesem Zusammenhang jetzt wissen sollte?« Lauschen Sie auf die Antwort, die aus Ihrem Inneren aufsteigt. Möglicherweise gewinnen Sie plötzlich eine wichtige Erkenntnis, oder Sie verstehen den größeren Zusammenhang, der hinter dem ganzen Geschehen liegt.

Oder fragen Sie: »Liebes Innerstes Herz, möchtest du mir noch etwas sagen?« Vielleicht lautet die Botschaft: »Ich bin immer für dich da.«

7. Kehren Sie zum Ausgangspunkt zurück

»——→ Versetzen Sie sich zum Schluss noch einmal in Ihre Ausgangssituation hinein. Nehmen Sie wahr, wie Sie sich jetzt fühlen. Wie fühlt sich Ihr Körper an? Hat sich im Vergleich zum Beginn der Übung etwas verändert? Beobachten Sie auch, wie sich Ihnen die Situation jetzt darstellt. Würden Sie sich jetzt vielleicht anders verhalten?

»——→ Beenden Sie die Übung, indem Sie sich bei Ihrem Innersten Herz für seine Unterstützung bedanken, und verabschieden Sie sich dann von ihm. Vielleicht möchten Sie ihm auch noch sagen, dass Sie gerne mit ihm in Verbindung bleiben möchten. Lassen Sie die Bilder dann in den Hintergrund treten, und lenken Sie Ihre Aufmerksamkeit auf Ihren Atem, um wieder ganz hier »anzukommen«.

Mithilfe dieser Übung wird es Ihnen mehr und mehr gelingen, Ihre negativen Gefühle und den tiefen Schmerz darunter zu heilen. Auf diese Weise entziehen Sie Ihren bremsenden Glaubenssätzen und Überzeugungen den Boden und können sich schließlich ganz von ihnen lösen.

EIN FALLBEISPIEL

Susannes Beispiel veranschaulicht, wie Sie Ihre Gefühle in Ihr Innerstes Herz schließen können und wie Ihre Glaubenssätze dadurch an Kraft verlieren.

1. Das Thema auswählen

Susanne beschäftigt im Moment folgende Situation: Sie arbeitet seit Neuestem in Teilzeit in einer PR-Agentur. Jetzt soll Susanne anstelle einer kranken Kollegin ein PR-Konzept für einen neuen wichtigen Kunden entwickeln. Heute hat sie ihrem Chef erste Ideen präsentiert, mit denen er allerdings nicht zufrieden war. Daraufhin ist eine recht heftige Diskussion zwischen ihnen entbrannt, in der Susanne ihren Ansatz vehement verteidigt hat – mit dem Resultat, dass Susanne bis übermorgen neue Ideen vorlegen soll.

2. Die Rolle des inneren Beobachters einnehmen

Zu Hause nimmt sich Susanne Zeit, um die ganze Situation zu reflektieren. Sie zieht sich an einen ruhigen Platz zurück und versetzt sich in die Rolle ihres inneren Beobachters.

3. Dem Innersten Herz die Geschichte erzählen

Dann wendet sie sich nach innen, begrüßt ihr Innerstes Herz und erzählt ihm die Geschichte: »Liebes Innerstes Herz, ich soll für einen wichtigen Kunden ein PR-Konzept erstellen. Und heute bei der ersten Präsentation hatte mein Chef so viele Dinge daran auszusetzen. Ich finde das sehr unfair von ihm, seine Kritik ist völlig ungerechtfertigt. Jetzt stehe ich ziemlich unter Zeitdruck.«

4. Das Körperempfinden wahrnehmen

Susanne lenkt ihre Aufmerksamkeit jetzt in ihren Körper und nimmt wahr, welche Empfindungen auftauchen. Sie bemerkt, dass ihr ganzer Körper sehr angespannt ist, vor allem ihr Kiefer und ihr Bauch. Ihre Hände sind leicht zu Fäusten geballt. Gleichzeitig empfindet sie innerlich ein unruhiges Flattern. Ihr Atem geht unregelmäßig und ist gepresst.

Susanne spürt jetzt tiefer in ihren Bauch hinein, der ihre größte Aufmerksamkeit erregt hat, und nimmt die Anspannung dort bewusst wahr. Dabei spürt sie gleichzeitig ihren Atem.

5. Das Gefühl in sich erleben

Dann wendet sich Susanne nach innen und fragt: »Wie fühle ich mich?« Sie erkennt, dass es sich um Wut handelt, außerdem ist sie gestresst. Susanne entscheidet sich, sich zuerst um die Wut zu kümmern, die das stärkere Gefühl zu sein scheint. Sie erlaubt sich, ihre Wut ganz zu fühlen, um sie kennenzulernen.

Susanne ruft die Wut zu sich her und fragt: »Hallo, Wut, komm doch mal her. Was bist du für eine Wut?« Die Wut antwortet: »Ich bin die Wut darüber, dass meine Bemühungen nicht anerkannt werden.«

6. Dem Gefühl einen Platz im Innersten Herz schenken

Jetzt schildert Susanne ihrem Innersten Herz, was in ihr vorgeht. Dabei nimmt sie ihr Gefühl weiterhin bewusst wahr. »Liebes Innerstes Herz, ich habe eine riesige Wut über diese Kritik meines Chefs im Bauch. Ich bin richtig außer mir und könnte innerlich schier vor Wut platzen.« Dann fragt Susanne: »Liebes Innerstes Herz, kannst du mir sagen, was hinter meiner Wut, nicht anerkannt zu werden, steckt?« Die Antwort ist: »Ja, ich denke, ich bin nicht gut genug.«

Susanne fragt weiter: »Liebes Innerstes Herz, darf ich dir die Wut darüber, nicht anerkannt zu werden, übergeben?« Und das Herz antwortet: »Ja, gerne!« Daraufhin holt Susanne die Wut in ihr Herz. Sie ist davon sehr berührt und spürt, wie ihre Wut liebevoll angenommen wird, sich ausdehnen darf und sich sofort deutlich entspannt. Dann bemerkt sie, wie sie innerlich allmählich zur Ruhe kommt.

Im Anschluss daran durchläuft Susanne genau den gleichen Prozess wie mit der Wut noch einmal mit ihrem Gefühl von Stress. Dabei begreift sie, dass der Stress eigentlich Angst ist – Angst, dem Projekt nicht gewachsen zu sein. Insgeheim fühlt sich Susanne von dem Projekt überfordert. Danach schließt sie ihre Versagensangst in ihr Herz

Am Ende fragt Susanne noch: »Liebes Innerstes Herz, möchtest du mir noch etwas sagen?« Und die Antwort lautet: »Du kannst jederzeit voll und ganz auf dich vertrauen!« Plötzlich versteht Susanne auch, wo ihre Wut eigentlich herrührt: nämlich aus einem tiefen Bedürfnis nach Anerkennung, dem sie unbewusst ständig hinterherjagt.

7. Zum Ausgangspunkt zurückkehren

Susanne fühlt sich sehr erleichtert. Bei dem Gedanken an ihr Projekt ist sie jetzt voller Zuversicht, dass ihr die richtigen Ideen schon noch einfallen werden. Dann bedankt sie sich bei ihrem Innersten Herz und verabschiedet sich von ihm.

HILFREICHE TIPPS FÜR DIE HERZENS-HEILARBEIT

1

Bleiben Sie auf dem Posten Ihres inneren Beobachters

Sollten starke Gefühle in Ihnen aufwallen, vergegenwärtigen Sie sich, dass Sie der Zuschauer sind. Erlauben Sie sich, Ihre Gefühle bewusst zu erleben. Denn nur so können Sie sie wirklich erfahren und kennenlernen. Sobald Sie sich aus der Identifikation mit Ihren Gefühlen lösen, erscheinen sie Ihnen nicht mehr bedrohlich.

2

Lassen Sie sich nicht von Ihren Gefühlen vereinnahmen

Sollte es Ihnen schwerfallen, Ihr Herz für ein Gefühl zu öffnen, sind Sie vielleicht noch mit ihm identifiziert. Statt bewusst wahrzunehmen, wie sich etwa Ihre Angst anfühlt, sind Sie noch in ihr gefangen. Wenden Sie sich Ihrer Angst wieder zu, und schenken Sie ihr noch mehr Aufmerksamkeit – in dem Wissen, dass sie nur ein Gefühl ist, keine Tatsache.

3

Wenden Sie sich Ihren Gefühlen der Reihe nach zu

Manchmal kommt es vor, dass mehrere Gefühle gleichzeitig auftauchen. Dann widmen Sie sich ihnen der Reihe nach, und schließen Sie eines nach dem anderen in Ihr Innerstes Herz. Beginnen Sie mit dem Gefühl, das am »bedürftigsten« ist und Ihre Zuwendung am dringendsten braucht.

4

Sie können eine »Abkürzung« nehmen

Um dem tiefen Schmerz direkt auf die Spur zu kommen, nehmen Sie Ihr negatives Gefühl zuerst ins Herz und fragen dann: »Liebes Innerstes Herz, wovor habe ich denn solche Angst?« Oder: »Was hat mich denn so verletzt, dass ich so wütend werde?« Wenn es an der Zeit ist, wird Ihr Herz Ihnen darauf antworten.

5

Geben Sie fremde Gefühle an die betreffende Person zurück

Auch wenn Sie auf ein Gefühl stoßen, das nicht zu Ihnen gehört, wird sich Ihr Herz nicht dafür öffnen. Fragen Sie Ihr Innerstes Herz dann: »Zu wem gehört dieses Gefühl?« Anschließend sprechen Sie das Gefühl direkt an. Sagen Sie zum Beispiel: »Hallo, Angst, du gehörst nicht zu mir. Du gehörst zu meiner Mutter. Deshalb geh zu meiner Mutter zurück.« Sie werden merken, wie Sie das Gefühl verlässt.

6

Schreiben Sie alles Wichtige auf

Machen Sie sich im Anschluss an Ihre Übung am besten Notizen dazu, was Sie erlebt haben. Dabei vertieft sich Ihre Erfahrung noch. Außerdem können Sie wichtige Erkenntnisse später noch einmal nachlesen und Ihre Entwicklung nachverfolgen.

ENDLICH FREI IM KOPF

Zuerst werden wir die Veränderungen vielleicht nur am Rande bemerken. Wir werden zum Beispiel gleich erkennen, wenn wir wieder einmal in eine typische Situation geraten sind, die uns unsere »Knöpfe« drückt. Vielleicht können wir uns sogar – aus der Sicht unseres inneren Beobachters – dabei zuschauen, wie wir wieder das bekannte Reaktionsmuster abspulen. Wir sind uns dessen bewusst.

RUNTER VON DER BREMSE

Je weiter wir in unserem Heilungsprozess fortschreiten, desto eher werden wir im Laufe der Zeit in Situationen, die uns vorher vielleicht in Rage gebracht oder in Angst gestürzt und unsere tiefen Verletzungen darunter wieder wachgerufen haben, ruhig und gelassen bleiben können. Dann sagen wir vielleicht: »Ah, ich bin mal wieder wütend darüber, dass ich so viele Erwartungen erfüllen muss.« Oder: »Da ist wieder meine Angst zu versagen.« Wir betrachten das Geschehen mit Abstand und können die Wut oder die Angst bewusst wahrnehmen. Gleich-

zeitig beherrscht uns das Gefühl nicht mehr, und wir fühlen uns nicht sofort dazu veranlasst, automatisch und wie gewohnt darauf zu reagieren. Es fällt uns leichter, bei uns zu bleiben. Das sich wiederholende Prinzip ist durchbrochen.

DAS ENDE DER SABOTAGE

Schließen wir dann auch unseren tiefen Schmerz in unser Innerstes Herz, sind wir noch einen entscheidenden Schritt weiter: Unseren blockierenden Glaubenssätzen fehlt jetzt die Grundlage, und die trügerischen Gedankengebäude fallen wie ein Kartenhaus in sich zusammen. Haben wir uns »nicht gut genug« gefühlt und uns vorher zum Beispiel gegen Kritik ärgerlich verteidigt, um die darunterliegende Versagensangst und die tiefe Verletzung nicht zu spüren, wirft uns die Kritik jetzt nicht mehr um. Denn je besser wir uns von dem schmerzlichen Gefühl distanzieren, wertlos zu sein, desto weniger bedrohlich erscheint uns die Kritik. Und wir brauchen die negativen Gefühle wie Wut und Angst nicht

Sobald wir also unsere gefärbte »Brille« abnehmen, wandelt sich unser Leben von Grund auf.

ALLES STEHT UNS OFFEN

Wir gewinnen ein völlig neues Selbstwertgefühl, setzen mehr Vertrauen in uns und fühlen uns in uns selbst zu Hause. Vielleicht entfalten wir bisher noch in uns schlummernde Potenziale. Ob beruflich oder privat – wir treffen Entscheidungen, die in unserem Sinne sind, wissen, was uns wichtig ist, und nehmen unser Leben in die Hand. Wir begegnen dem Leben ohne Vorbehalte und sehen die Chancen, die sich uns auftun. Womöglich gehen wir sogar ganz neue Wege oder realisieren lang gehegte Träume.

Mit anderen Worten: Wir überwinden die engen Grenzen, die uns unser Ego gesetzt hat, und sind endlich frei, das Leben zu führen, das uns wahrhaft glücklich macht und uns im tiefsten Inneren unseres Herzens entspricht. Ein völlig neues Lebensgefühl breitet sich in uns aus. Eine bis dahin nie gekannte innere Freiheit! Das ganze Leben steht uns plötzlich offen. Freuen Sie sich auf ein wundervolles und spannendes Abenteuer!

mehr zu unserem Schutz. Außerdem achten wir uns als Folge davon auch selbst mehr. Das bleibt natürlich nicht ohne Wirkung auf unsere Umgebung, die uns entsprechend wertschätzender behandeln wird.

Wenn wir unserer alten Überzeugung, nicht liebenswert zu sein und deshalb abgelehnt zu werden, keinen Glauben mehr schenken, werden wir künftig leichter auf andere Menschen zugehen und uns nicht mehr ausgeschlossen fühlen. Und ganz »nebenbei« entdecken wir auch mehr Liebe zu uns selbst. Überhaupt werden sich unsere Beziehungen deutlich entspannen – schon allein deshalb, weil das Verhalten von anderen unsere Wunden nicht mehr so schnell aufreißt. Irgendwann werden wir feststellen, dass wir gar nicht mehr in Situationen kommen, wie wir sie früher so oft erlebt haben!

Die Herzens-Heilarbeit

Das Wesen der Herzens-Heilarbeit ist der direkte Kontakt zum Innersten Herz, einer Instanz, die jedem von uns innewohnt. Dabei bedient sich die Methode der Imagination, also Bildern, Symbolen, Wörter, Tönen oder Körperempfindungen, die aus dem eigenen Inneren aufsteigen. Die Herzens-Heilarbeit hilft dabei, alte Verletzungen an der Wurzel zu heilen, schwierige Lebenssituationen zu meistern, größere Zusammenhänge zu verstehen, wichtige Entscheidungen zu treffen, die eigenen Potenziale zu erkennen und bei sich selbst anzukommen. Die in diesem Buch beschriebene Vorgehensweise (→ Kapitel 4) zeigt nur einen kleinen Ausschnitt aus dieser Methode.

www.heilkraft-des-herzens.de

Dank

Ich möchte mich von ganzem Herzen bei meinen Lehrern bedanken, die mich in meiner persönlichen Entwicklung wesentlich unterstützt haben – allen voran bei Waltraud Deiser. Ein besonderer Dank gilt außerdem meiner Schwester, die den Text als Erste gelesen und mir wichtige Anregungen dazu gegeben hat.

ZUM WEITERLESEN

Bücher zum Thema »Ego«
Engel, Silvia Maria: *Meine 26 Egos und ich – Ein Wegweiser zu mehr Lebensfreude und Selbstverwirklichung.* Schirner 2014
Osho: *Das Buch vom Ego – Von der Illusion zur Freiheit.* Allegria 2004

Bücher zum Thema »Bewusstsein«
Braden, Gregg: *Im Einklang mit der göttlichen Matrix.* KOHA 2007
Coelho, Paulo: *Handbuch des Kriegers des Lichts.* Diogenes 2006
Damasio, Antonio R.: *Ich fühle, also bin ich – Die Entschlüsselung des Bewusstseins.* List 2002
Duhigg, Charles: *Die Macht der Gewohnheit.* Piper 2013
Hanson, Rick: *Denken wie ein Buddha.* Irisiana 2013
Hay, Louise L.: *Gesundheit für Körper und Seele.* Allegria 2013
Lipton, Bruce H.: *Intelligente Zellen – Wie Erfahrungen unsere Gene steuern.* KOHA 2007
Meibert, Petra: *Der Weg aus dem Grübelkarussell.* Kösel 2014
Schaffer-Suchomel, Joachim: *Entdecke die Macht der Sprache.* mvg 2012

Tolle, Eckhart: *Jetzt! Die Kraft der Gegenwart.* J. Kamphausen 2010
Warnke, Ulrich: *Quantenphilosophie und Interwelt. Der Zugang zur verborgenen Essenz des menschlichen Wesens.* Scorpio 2013

Bücher zum Thema »Gefühle«
Baer, Udo, Frick-Baer, Gabriele: *Das große Buch der Gefühle.* Beltz 2015
Dittmar, Vivian: *Gefühle & Emotionen – Eine Gebrauchsanweisung.* Edition Est 2014

BILDNACHWEIS

Alle Illustrationen in diesem Buch stammen von Martina Frank, München,
mit Ausnahme von S. 16: Shutterstock/Sharpner und S. 87: Shutterstock/Pavlenko
Alle Fotos: Shutterstock; vordere Klappe: melis, S. 19: Sofiaworld, S. 20/21: sniegiorova mariia, S. 40/41:
Masson, S. 62/63: Henrik Larsson, S. 80/81: Masson
Hintergrundmotive: Shutterstock/Elmiral

QUELLENNACHWEIS

S. 80/81: Ramana Maharshi (1879–1950), indischer spiritueller Lehrer, genaue Herkunft des Zitats ungeklärt.
Leider ist es nicht in allen Fällen gelungen, die Fundstelle ausfindig zu machen. Der Verlag bittet ggf. um
Nachricht, damit bei einer Nachauflage eine korrekte Quellenangabe erfolgen kann.

MIX
Papier aus verantwor-
tungsvollen Quellen
FSC® C084279
www.fsc.org

2. Auflage 2018

© 2016 Scorpio Verlag GmbH & Co. KG, München
Umschlaggestaltung und Layout:
Favoritbuero, München
Umschlagmotiv: Shutterstock/Nomad_Soul
Satz: Nadine Clemens, München
Lektorat: Julia Feldbaum
Projektleitung: Heike Mayer
Druck und Bindung: Print Consult, München
ISBN 978–3-95 803–078-7
Alle Rechte vorbehalten

Liebe Leserin, lieber Leser,
leicht geht's besser: Mit unserer Reihe *Leichter leben*
möchten wir Sie zu einem neuen Lebensgefühl
inspirieren und bei Veränderungsprozessen unterstützen. Alle Inhalte wurden gewissenhaft erstellt
und sorgfältig geprüft, die Übungsanleitungen und
Vorschläge haben sich in der Praxis bewährt.
Danke, dass Sie in eigener Verantwortung prüfen,
inwieweit Sie die Anregungen umsetzen möchten.
Eine Haftung für die Resultate vonseiten der Autoren
bzw. des Verlags und seiner Beauftragten ist
ausgeschlossen.

Mehr über unsere Bücher:
www.scorpio-verlag.de